CONTENTS 目录

德国立法程序——联邦司法和消费者保护部的视角 / 1
彦·戈登 著　曾　韬 译

立法说明理由——质量保障和政治、司法监督的基石 / 17
温弗雷德·克卢特 著　张小丹 译

立法权限与法律效果评估 / 42
艾克·米夏埃尔·弗伦策尔 著　曾　韬 译

国际法与德国法的关系以及对《立法法》修改的建议 / 62
伯　阳 著　陈大创 译

劳动教养是法定制度吗？——兼论立法体制的宪法构建 / 73
林　彦

全国人大常委会"抽象法命题决定"的性质与适用 / 100
陈　鹏

设区的市开始立法的确定与筹备
——以《立法法》第 72 条第 4 款为中心 / 125
郑 磊

论法律保留原则在我国的实践及其完善 / 150
姚国建　王　娟

立法权、司法权相互关系的规范与实践
——基于与普通法议会制的比较 / 180
张吕好

公众参与的宪法基础 / 192
谢立斌

"This publication was sponsored by China-EU School of Law (CESL) at the China University of Political Science and Law (CUPL) www.cesl.edu.cn. The activities of CESL at CUPL are supported by the European Union and the P.R. of China".

本书的出版得到在中国政法大学（CUPL）的中欧法学院（CESL）的资助。中欧法学院的活动得到欧盟和中国政府的支持。

中德立法比较研究

谢立斌／主编

中国政法大学出版社

2017·北京

声　明　1. 版权所有，侵权必究。

2. 如有缺页、倒装问题，由出版社负责退换。

图书在版编目（CIP）数据

中德立法比较研究/谢立斌主编.—北京：中国政法大学出版社，2017.1
ISBN 978-7-5620-7289-8

Ⅰ.①中… Ⅱ.①谢… Ⅲ.①立法－对比研究－中国、德国 Ⅳ.①D920.0
②D951.6

中国版本图书馆CIP数据核字(2017)第013665号

出 版 者	中国政法大学出版社
地　　址	北京市海淀区西土城路25号
邮寄地址	北京100088 信箱8034分箱　邮编100088
网　　址	http://www.cuplpress.com（网络实名：中国政法大学出版社）
电　　话	010-58908285(总编室) 58908433（编辑部）58908334(邮购部)
承　　印	北京九州迅驰传媒文化有限公司
开　　本	880mm×1230mm　1/32
印　　张	6.75
字　　数	160千字
版　　次	2017年1月第1版
印　　次	2020年8月第2次印刷
定　　价	25.00元

德国立法程序

——联邦司法和消费者保护部的视角

彦·戈登 著[1]　曾韬 译

一、立法程序与良法

2009年，上届联邦政府于就任之时为自身设定了精简和改进法律的任务。这对德国而言是一个长久以来的紧迫任务。首先，联邦法律的范围饱受批评：联邦法律达到了1700部左右主要法律和2700部左右主要法规的规模，它们一共包含78 000条规定。其次受到非难的是，现行法律规定的频繁修改。在此方面所得税法是一个明显的例子：从2002年到2005年，这部法律总共被修改了24次。再次，法律的质量也多为人所诟病。有些批评者认为，联邦法律过于琐碎。相反，有的批评者则认为其不够具体。对于普通国民而言，法律往往简直是完全无法理解的。

法律的频繁修改和法律的费解性对于法院、行政机关乃至

---

[1] 作者系巴伐利亚州检察官，现为联邦司法和消费者保护部的借调人员。在此部门中，其身份为四厅A处3科的科长，这个科室的工作领域为法律审查、语言检查、一般行政法。在本文中，作者基于其个人的观点介绍联邦司法和消费者保护部在立法程序中的角色。

国民和经济而言是沉重的负担。因此,法律对于法律适用者而言是否简明易懂,是法律秩序的质量的一个指标。法律规定应该有助于避免冲突的发生,或者使其得到合理的解决。良法因而能起到为司法减负的作用。行政的效率是公权力的重要的成本指标之一,它与法律所规定的行政部门是否以及如何采取措施密切相关。良法因而能够提高行政效率和降低行政成本。所以法律秩序愈加需要经受国际比较的考验。德国是否是有吸引力的经济和投资中心,以及德国的公司能否取得佳绩,这都与法律创造的行动框架密切相关。

为了创制高效的良法,有关部门发展出了哪些组织上的措施和机制?下文将从联邦政府的角度出发,更确切地说,从联邦司法和消费者保护部的角度出发,大致勾勒这一问题的答案。联邦司法和消费者保护部一方面和其他的部一样拟定自己的法律草案,例如在民法、刑法和知识产权的领域里;联邦司法和消费者保护部在另一方面也从法律和语言的角度审查其他部提出的法律草案。

联邦政府在处理立法议案事项上具有核心地位。尽管作为州的代表的联邦参议院和作为议会的联邦议院也有权提出法律议案(参见《基本法》第 76 条第 1 款),但在实践中约有 80%的立法建议由联邦政府处理,因为后者拥有必要的人员和时间资源以及专业上的技能。下面的介绍仅限于制定议会法律的准备工作。行政立法,尤其是联邦政府制定的法规不在介绍之列。各个部制定法规的流程大体上与联邦政府制定法律草案的流程一致。

二、联邦政府在立法程序中的角色

(一)联邦政府的法律草案准备工作
1.《联邦各部共同业务规程》
《联邦各部共同业务规程》含有针对联邦政府的法律草案的

重要的组织和内容上的要求，其作用在于保障法律草案的质量。特别是众多关于立法论证的要求、关于表决和审查的规定以及关于法律文本的组构的具体的要求，是优良的立法活动和优质的"终端产品"的重要基石（参见《联邦各部共同业务规程》第42条至第50条）。《联邦各部共同业务规程》作为业务规程并不具有（普遍-抽象）法律的等级，但它作为内部组织法约束所有的联邦部委。《联邦各部共同业务规程》还为联邦内政部编写的《制定法律和行政规定手册》所补充，后者详细介绍了立法程序中应该遵守的所有步骤（参见《联邦各部共同业务规程》第42条第3款）。

2. 业务对口原则

《联邦各部共同业务规程》遵循业务对口原则。业务对口的含义为，被调整的事项主要属于哪个部委的职权范围，就由哪个部委制定和协调法律草案，统筹法律草案的所有工作环节，直至法律公布。直至议会委员会中作出决议，这一部门必须就这个草案替联邦政府负责。业务对口的部门也应该尊重其他部门的权限。因此，如果制定的规定同样也涉及其他部门的职权，业务对口部门应该与该相关部门取得协调一致。由于单个部委无权向议会提出法律议案，仅联邦政府作为集体机关具有此项权限，因而所有的部委必须在立法意图上取得共识。那么制定法律草案和达成共识的过程是怎样的呢？

3. 初案和讨论案

联邦政府的立法案正式开始于初案的提出。业务对口的部委的专业科室拟定初案，然后与部内其他相关专业科室就此达成一致意见。在初案的草案拟定之前，往往会先制作一份非正式的草案或者包含所有核心内容的材料，并将其付诸专业人员进行讨论。此种草案被人们称为预案或者讨论稿。如果涉及难度极大或者牵涉面广的立法事项，专业科室也可以征询专业人士的意见，或者委托专家委员会进行准备工作。例如当前联邦司法和消费者保护部选任了一个专家小组，委托其分析谋杀罪（《刑法典》第211条）与杀人罪（《刑法典》第212条）在构成要件上的区别。

具体的立法意图的动因可能是多种多样的。重要的立法政策往往包含于联合执政合同。该合同在每个立法周期的开端由联合组建政府的政党缔结并由联邦政府负责实施。法律的修改有时也可能是由欧盟、国际条约上的义务、联邦宪法法院的判决或者公民和民间组织的条陈推动的。如果联邦宪法法院宣布某项法律规定无效，那么立法者一般而言有义务在法律上对相应事项从新进行法律上的调整。联邦各部委的工作人员往往也会通过国民、法律适用人员或者利益团体的投书获得关于修改现行法律的需求的提示。

4. 各职权单位之间的协调和国家规范审查委员会的参与

法律草案在各个被涉及的职权单位之间紧密的合作下产生。经部委首长——部长——同意后，应将预案呈送其它涉及其职权范围的部门征询意见（参见《联邦各部共同业务规程》第45条，关于第45条第1款和第74条第5款的附件）。预案制定工作所涉及的部委从其专业角度出发表达其针对预案的意见，它们经常顽固地为了部门利益对预案提出反对意见，以至于往往必须达成政治上的妥协。某些部委为所有联邦部委承担跨领域的任务，因而必须参与所有法律草案的制定。例如，基于立法计划在公共开支方面的影响，联邦财政部参与所有的立法事项。联邦内政部负责审查法律草案的合宪性和关于立法论证方面的要求是否得到遵守，例如关于法律的效果的论证。最终联邦司法和消费者保护部在法律和语言方面审查所有的法律草案（参见《联邦各部共同业务规程》第46条），其伴随整个草案制定过程的工作，在合宪性方面提供了充分的保障。草案中被查明的不足之处能够得到改正，表述能够得到改善，体系上的错误和编辑上的错误能够得到清除。因而联邦司法和消费者保护部为提高立法的质量提供了极大的帮助，第三部分对此还要进行进一步的介绍。

此外，预案还应呈送国家规范审查委员会（《联邦各部共同业务规程》第45条第1款）。国家规范审查委员会是一个独立的委员会，它在消除官僚主义和优质立法方面服务于联邦政府。（参见《成立国家规范审查委员会法》第1条第2款）规范审查委员会主要对新制定的规范给公民、经济界和公共行政带来的施行成本和其他成本的合理性进行审查（《成立国家规范审查委员会法》第1条第3款）。

按照《联邦各部共同业务规程》的规定，职权单位和规范审查委员会审查草案的时限为四周（《联邦各部共同业务规程》第50条第1款、第2款）。如果各个参与的单位均表示同意，审查的期限可以缩短；如果涉及难度大和范围广的草案，这一期限可以延长至八周（《联邦各部共同业务规程》第50条第2款、第3款）。在实践中，职权单位用于审查和提出意见的时间往往少于四周，这给草案的质量带来了不利的影响。

5. 州和非政府组织以及其他单位的参与

应尽早将尽可能广泛的相关专业知识纳入政府草案的编写之中。因此，业务对口部委必须向联邦州、地方的重要团体、议员、议会党团专业团体和经济、学术组织告知法律案的情况。对于草案的设计者而言非常重要的是，确保其立法意图获取尽可能广泛的认可，尽早发现和排除冲突。认识实践中的情况对于部委而言同样很重要。同时，被立法意图所涉及的人也可以尽早对变动作出适应性安排并通过规定的民主途径施加其影响，尤其是表达其对修改草案的意见和建议。

因此，在第一轮职权单位之间的意见和洽之后，草案将会被发送给各个联邦州和所涉专业领域的专业组织和利益团体征求意见（《联邦各部共同业务规程》第47条、第48条）。此外，初案的情况也应告知联邦议院中的党团和联邦参议院。此处表达意见的时限一般是三周或四周。

法律草案有时也会在国际互联网上公开，是否通过此种方式公开的决定由业务对口的部委斟酌作出（《联邦各部共同业务规程》第48条第3款）。被牵涉到的业务圈子和团体的表态是照顾到国民、经济界和其他为立法规划所牵涉者的利益的必要途径。草案所涉群体因而会为此结盟并表达他们在法律上和专业上的意见。例如，如果一个法律草案修改了消费者保护的规定，没有必要分析成千上万的公民质量上参差不齐的言论，分析消费者保护团体的精简意见即可。负责制定草案的专业科室还应负责征求公民和相关团体意见。专业科室会追踪文献和司法判决，并由此对社会中的意见状况有个粗略的认识。有时专业群体和团体会通过听证的形式以言辞讨论的方式向部委解释其书面意见。他们无权要求采纳改弦更张的建议，也无权要求告知如何具体对待其批评意见和建议。

6. 终局协调和内阁决议

所有意见会得到及时的分析，并被纳入内阁草案之中。该内阁草案需要发给各相关职权单位沟通意见，基于与州和业务团体的沟通而变更的地方会被标明。此处的审查时限比第一轮短。联邦司法和消费者保护部最终对法律草案进行终局性的审查（《联邦各部共同业务规程》第46条第3款）。如此广泛地征求过意见和审查过的草案最终会被呈送到联邦总理府，请求其作出提交内阁的决定。一般而言,内阁会议不针对草案进行论辩:所有可能的争议问题均应在内阁会议之前解决完毕,或者立法计划因无法在各个部门之间达成妥协而被放弃。

(二)联邦政府在立法程序后续阶段中的角色

鉴于本文目的为专门介绍联邦政府在立法程序中的角色,立法程序后续阶段的具体情况不在本文的讨论之列。然而,有一点对于业务对口的部委是非常重要的:提出内阁草案并不意味着工作的完结。

1. 联邦政府针对联邦参议院表态的回应

联邦政府议决法律草案之后,会将其呈送给联邦参议院,供对方进行第一轮的研究(《基本法》第76条第2款第1句)。联邦参议院一般而言拥有六周时间来表态,联邦政府也可对于此种表态做出回应(《基本法》第76条第2款、第3款)。此处言及的回应由负责制定草案的业务对口的部委作出(参见《联邦各部共同业务规程》第53条第1款)。

2. 在议会程序中的协同工作

联邦总理府嗣后会将法律草案连同联邦参议院的表态和自身的回应呈送给联邦议院。此处会对草案的内容展开讨论,尤其是由各种委员会进行研究。在涉及政府法律草案的情形时,联邦政府的负责人员会在专业委员会的讨论之时被邀请到会,与汇报人员——德国联邦议会中的党团负责某一特定事项的议员——展开讨论。在私下讨论中,会对党团针对草案的观点与政府的观点进行汇总、分析,尤其是各党团的修改意见会于此时得到讨论。在与执政党党团的汇报人的讨论结果形成之后,对于政府草案属于业务对口的部委应该具体地——以法律上、法律形式上以及语言上没有错误的形式——处理党团的修改申请。相关部委在此起到的是"表述辅助"的作用。政府相关责任人员一般会参与德国联邦议会相关委员会嗣后的会议，他们在专业委员会中针对法律草案表达意见以及回答问题。

3. 在制成和公布方面的协同工作

在成功获得议会通过以及顺利通过联邦参议院的第二轮研究之后，法律草案在成为生效的法律之前还需经历进一步的阶段。决议通过的法律的第一份原始打印件使用的纸张为手工纸，且会被呈送给联邦总理签署，以及呈送给职权部委的部长附署（《联邦各部共同业务规程》第58条）。然后会被呈送给联邦总统制成法律（《基本法》第82条第1款第1句，《联邦各部共同业务规程》第59条）。联邦总统将会签署此部法律并加盖印鉴，且将其公布于《联邦法律通讯》（参见《联邦各部共同业务规程》第60条）。《联邦法律通讯》是联邦官方的公布机关。在联邦印刷局印制之后，联邦司法和消费者保护部会将此部法律公布于《联邦法律通讯》，联邦公告出版公司会对其进行分发。新的法律最终在生效之后才具有法律上的作用，因此法律的生效必须由法律精确地规定。关于这一问题的规定一般位于新法律的附则中（《基本法》第82条第2款）。

（三）题外话：新规制计划的评估

一部法律生效之后，职权部门将会追踪其在实践中的被认可的程度以及其在实践中的作用和问题。为此，联邦政府于2013年制定了一套用以体系性和周期性地评估新的立法计划的方案。[1]据此，凡每年给公民、经济界和公共行政预计会造成至少100万欧元施行成本的法律均须受到有计划的评估。除了

---

[1] Vgl. auch: Bessere Rechtsetzung 2013: Erfolge dauerhaft sichern – zusätzlichen Aufwand vermeiden. Bericht der Bundesregierung 2013 nach § 7 des Gesetzes zur Einsetzung eines Nationalen Normenkontrollrates, März 2014, S. 24 f., abzurufen im Internet unter: http://www.bundesregierung.de/Content/DE/_Anlagen/2014/03/2014-03-19-b%C3%BCrokratiekosten.pdf?__blob=publicationFile&v=2 (letzter Aufruf am 29. März 2014).

年度施行成本的数额因素，业务对口的部门也可以基于其他理由在草案中对评估做出规定：例如规制计划的总体实施成本很高、草案有特殊的政治意义、法律规定的施行后果以及行政机关执行法律规定存在极大的不确定性。法律评估的重要标准为凭借该草案是否能实现所追求的目标。此外，基于评估的范围，还有可能采用下面的标准：（1）新规定的积极和消极的副作用。（2）规定在规定的相对人中的受认可程度，以及新国家的服务是如何被潜在的受益人接受的。（3）规定的可操作性（给规范的适用者造成的解释难题）。

关于评估的范围（例如规制意图之整体、法律的个别部分或者新规定的执行情况）、方法（内部评估或者有学者进行的评估）、评估报告的详尽程度（从"双页报告"到详尽报告），不存在具体规定。应该何时进行评估，亦无明确规定（一般而言在新法律生效3年或者5年之后）。关于上述问题，有决定权的是各个业务对口的职权部门。评估的结果应该呈现于评估报告之中。评估报告包含研究对象的确定、基础数据和观点以及相关的审查标准。

评估并不是目的本身：如果通过评估发现了修法造成的缺陷或者错误的引导作用，那么评估可能会催生用以消除上述不良情况的新立法计划。

三、联邦司法和消费者保护部对法律草案进行的法律审查和语言审查

（一）法律审查的意义

如前所述，除了要制定法律和法规的草案，司法部也在合法性和语言方面审查其他部委的草案。根据《联邦各部共同业务规程》第46条的规定，任何法律、法规的草案均要受到联邦

司法和消费者保护部的合法性审查，经审查后的草案报送联邦政府批准。根据《联邦政府业务规程》第 26 条的规定，如果他认为草案与现行法相抵牾，联邦司法和消费者保护部部长在联邦内阁表决草案的时候拥有一票否决权。此项否决权在实践中几乎从未被使用过，因为可能导致冲突的问题在职权部门之间的相互协调之中便已得到解决。立法程序中对草案合法性的深度审查应该能够避免联邦宪法法院判定生效的法律违反了《基本法》。否则，该法律将是无效的，不产生任何法律效力。即便是拟定草案的业务对口的部委以及德国联邦议院和参议院中的法律专家也应该遵守联邦司法和消费者保护部制定出的法律审查方法。

法律草案的法律审查由法律体系审查和法律形式审查构成。法律审查之后还要进行语言审查。联邦司法和消费者保护部针对一个立法计划进行的法律和语言审查的具体流程最好通过一个例子进行介绍。随后应该分析法律和语言审查之于优良立法的意义。

（二）法律审查的内容

1. 体系合法性审查

体系合法性审查的目的在于确保制定中的法律与整个法律制度相融洽，特别是不与上位法相抵触。体系合法性审查包含垂直审查和水平审查。垂直审查处理草案与上位法之间的关系，尤其是处理这一问题：法律草案符合德国宪法、欧盟法和国际法吗？此处的审查标准可能会是《基本法》中的基本权利也可能会是《欧洲人权公约》中的人权保障。水平审查一方面追求法律草案与同一位阶的法律的无矛盾性，另一方面也追求该草案内部的无矛盾性。后一方面包含多种多样的子问题，例如：（1）草案的体系结构正确吗？例如，是否既规定了义务，也规定了违反义务的惩罚手段？（2）避免重复的规定和有矛盾的规定了吗？（3）整个草案中的术语使用是否统一？（4）指引条款的表述是否合适和清楚明白？（5）多余的、过时的规定能否被废除？（6）规定在实践中能被毫无问题地适用吗？

2. 合法律形式性审查

合法律形式性审查将运用多种形式标准检查法律草案。简而言之，此种审查是法律草案的校读。此处的目标主要是统一地编写法律规定。统一性可能涉及标题的设定、草案的结构安排、拼写和征引方式（专有名词、缩写和数字等）或者统一地设定转引其他规范的方式。

合法律形式性的草案编写以联邦司法部提出的推荐为准。这些推荐和要求均被编入《法律形式手册》，在制定草案的时候，所有专业领导的职权部门均应自始遵守这些推荐和要求。（参见《联邦各部共同业务规程》第42条第4款）。此书一方面含有长久以来逐渐成为惯例且在该书中被统一化的关于体例、形式和法律规定的结构的规则，另一方面含有实现宪法上的要求的规则。例如，《法律形式手册》中有统一的拼写和征引方式的推荐。此外，此书还含有针对法律草案统一的体例的规定和模板，其内容涉及标题、各个规定的结构以及新法律的生效。《法律形式手册》也含有关于法律的语言风格的内容。

《法律形式手册》已被翻译成中文、土耳其文、罗马尼亚文、塞尔维亚文和俄罗斯文。此书的中文译本仅包含第一版的部分内容。受联邦司法和消费者保护部之托，此书最新版的中文全译本正在翻译之中，预计2014年年底能够问世。

除《法律形式手册》包含的推荐之外，联邦司法和消费者保护部也在具体情形中出具推荐意见，以便能够针对现实发展和问题作出及时的反应。例如，联邦司法和消费者保护部正在讨论，人们应该如何正确和统一地在国际互联网网页中援引法律文本。

3. 题外话：电脑软件"eNorm"

在编撰一部法律的外在结构方面和在遵守重要的形式和法律形式的规定方面，"eNorm"软件能够派上用场。[1]"eNorm"是文字处理软件"Microsoft Word"的一个插件。该软件中预设的模板、自动提示、文本推荐和纠错功能够辅助人们编写法律草案。这些功能既参考了《联邦各部共同业务规程》中的规定，也参考了《法律形式手册》中的规定。此外，凭借这个软件的辅助，人们可以从第一稿草案编写到法律被公布于法律公告的整个过程中只用一个文档、使用有条理的数据开展工作。

（三）语言审查的内容

自 2009 年起，草案的合法性审查又为法律草案的语言的可理解性审查所补充。《联邦各部共同业务规程》第 42 条第 5 款就此规定："法律草案必须用语准确，并尽可能用人人可以理解的方式表述法律规定。……法律草案原则上应送交法律语言编辑委员会审查其正确性和易解性。"法律语言编辑委员会是由外部专家构成的、派驻到联邦司法部的工作单位，它辅助所有联邦部委审查法律草案用语的正确性和可理解性。当前共有 10 位语言学者负责对法律、法规草案进行语言审查。

《联邦各部共同业务规程》第 46 条第 1 款规定，语言审查作为法律审查的最后部分是有拘束力的。就获得理想的结果而言，语言编辑部应该尽早参与到草案的制定进程中，最好是在第一份草案形成之前就参与其中。在这一阶段，其他参与者毕竟尚未就法律、法规草案进行沟通，草案的文本尚未"板上钉

---

[1] "eNorm"是萨尔布吕肯的 DIaLOGIKa 应用信息公司开发的一个软件。

钉"。此外，通常出现于法律审查过程中的时间压力也可以避免。语言审查的目的在于，在确保法律语言精确性的前提下，使法律在法律所涉人群中尽可能地易于理解。法律适用者由此能够更好地适用法律，例如解释问题减少了。此外，国民能够更为简易地接触法律，因为他们能够理解法律，且依据法律开展活动。

（四）合法性审查和语言审查的流程

一个例子或可清楚展示合法性审查和语言审查在联邦司法和消费者保护部中是如何具体运作的。例如，作为专业对口的联邦经济和能源部当下正在为一部新的对外经济法制定草案。在联邦政府批准这一草案之前，该部应将其呈送联邦司法和消费者保护部进行合法性和语言审查。联邦司法和消费者保护部内的审查由专业的和协同审查工作属于其专职领域的科室负责和协调。在我所举的例子中，这个科室就是"卡特尔法、电信和媒体法、对外经济法"科（三厅B处1科）。如果有关法律问题属于其专业领域，这个科室也会参与到其他科室的工作之中。例如，涉及数据保护的问题时就会请求"数据保护、联邦统计事务"科（四厅A处5科）进行相应的审查工作。如果涉及旧法与新法的过渡的复杂问题的规制问题，会向"法律审查、语言咨询和一般行政法科"（四厅A处3科）征询意见。法律审查的原则性问题属于四厅A处3科的业务内容，该科也负责对联邦司法和消费者保护部自己制定的法律和法规的草案进行法律形式上和语言上的审查。

一般而言，法律草案的宪法问题会由联邦司法部的两个宪法科审查："基本权利科"（四厅A处1科）和"国家组织宪法、财政宪法科"（四厅A处2科）。联邦内政部也会对法律草案进行宪法性审查（参见《联邦各部共同业务规程》第45条第

1款第3句），由此可以看出此种审查的重要地位。即便进行了严格的宪法性审查，也不能完全避免联邦宪法法院嗣后会对一部法律做出否定性评价。例如安全法规定宪法许可的界限，而对于限制基本权利的合宜性问题的判断往往是见仁见智的。

联邦司法和消费者保护部会将上述科室的各种审查意见汇总成统一的意见，并将其送呈经济和能源部。在合法性审查的意见之外，这份总意见还含有关于草案用语的批注和评论。为此，负责协同审查的三厅B处1科会将此草案送呈法律语言编辑委员会进行语言审查。

根据可支配的时间，法律和法规的草案会在语言的下述方面受到审查：审查人员首先会检查，正字法、标点符号、语法上存在错误吗？此类"手误"比较罕见。对长句和复杂的句子进行简化，对表述的确定性、协调性、与日常用语的接近性和术语的正确性、切当性和统一性进行审查，是此项审查的重中之重。语言审查并不会停留在法律草案的语言的表面，对法律文本的加工自然会导致对其内容、体例和结构的处理。例如往往会审查草案是否存在不明确性、赘余、矛盾和漏洞，各个规定之间的顺序和联系是否合理，是否合理地使用了法律规定的"章、条、款、句"的结构，以及是否存在某分支单元被填入了过多内容的现象。

语言编辑部不仅会提出批评意见，也会与联邦司法和消费者保护部中的协同审查人和联邦经济和能源部的文本的撰写者进行对话，并提出优化表述和结构划分的建议。然而此种语言方面的建议仅仅具有推荐的属性（《联邦各部共同业务规程》第42条第5款第5句）。

审查程序一般会在联邦司法和消费者保护部和其他部委——这里是联邦经济和能源部——之间往复进行，直到在所有有冲突的地方上均达成了妥协。专业对口的部委的专业科室往往也可以在法律草案的准备工作之前会同联邦司法和消费者保护部工作,如此就可以在法律草案的较早的阶段解决法律上的问题。一般而言,在结束法律草案的准备工作之后,草案会连同书面的审查请求送呈联邦司法和消费者保护部。这样的做法对于依据《联邦各部共同业务规程》第46条第1款为制成内阁草案需要进行的最终法律审查有着极大的减负作用。如果缺陷被清除或者至少就此达成了妥协,联邦司法和消费者保护部的电信科就会给经济和能源部出具一份通过审查证书,表明草案不存在体系性和形式性违法问题。

(五)法律和语言审查对于优质立法的作用

由司法部进行的这种合法性和语言审查对于优质的立法有难以估量的巨大贡献,因为草案得到了外部的、专业的和中立的审查。也就是说,此处起主导作用的不是政治上的预定立场、条文编写者的利益和条文编写者的个人见解,而是独立的、在各个法律领域上专业的科室的法律专业意见。由于各个下属科室共同参与原则的作用,联邦司法和消费者保护部所有的法律专业知识均可以汇聚于法律审查之中。

这一中立的外部视野原则同样也适用于语言审查。此种审查被特意安排由非法律人的语言学者负责。这样做的优点在于,语言学者一般不是法律人,可以从普通国民的视角出发审视法律草案——"法律人理解就可以了"的论据在这里是不算数的。一个高效的法律和语言审查的主要阻力是时间因素:法律需要时间,好的法律需要更长的时间。《联邦各部共同业务规程》尽管为法律草案的终局性法律、语言审查规定了为期四周的期限(《联邦各部共同业务规程》第50条,亦可参见前文第二部分(一)4.),在实践中可以投入到法律、语言审查中的时间往往短于这个期限。因此,如果专业对口的部委必须在一个政治上有利的时机将一个在法律体系上和法律形式上尚未满足所有要求的法律草案送呈内阁制定内阁草案,该部委会为此承受巨大的政治压力和时间压力。

立法说明理由

——质量保障和政治、司法监督的基石

温弗雷德·克卢特 著 张小丹 译

德国宪法区分对法律草案的论证（在议会立法程序的开端）以及对议会所通过的法律的论证。法律草案的论证通过议会的运行条例来加以规定，与此相反，出于宪法的原因，并不存在形式上的义务去论证议会已经通过的法律。联邦宪法法院只是要求，议会通过某项成文法的原因是可识别的。

本文并非旨在研究这一宪法上的有争议的问题 [1]，而只是从立法学的角度提出这一问题，即通过对成文法的论证能够实现哪些不同的功能。同时，本文也会澄清那些内容上可能或者必然与论证有联系的不同方面。

---

[1] 关于这个问题，例如请参阅 Waldhoff, in: Staat im Wort（《语词里的国家》）. Festschrift für Josef Isensee, 2007, S. 325 ff.; Hebeler, DÖV 2010, 754 ff.; Mehde/Hanke, ZG 2010, 381 ff. 关于只允许少数例外的普遍的论证义务，请参阅：Lücke, Begründungszwang und Verfassung（《论证强制与宪法》）, S. 138 f. 关于讨论状态的基本概貌，请参阅：Schulze-Fielitz, Theorie und Praxis parlamentarischer Gesetzgebung（《议会立法的理论与实践》）, 1988, S. 454 ff.; Meßerschmidt, Gesetzgebungsermessen（《立法裁量》）, 2000, S. 777 ff.

一、导言：论证作为法治国家的表达

根据一般的法律确信，表述出一个国家决定的原因属于法治国家文化的基本要求。因此，拒绝给出论证就会被视为是专断的证据。由此，在国家机关和法院决定的大部分领域里法律上都确定了进行论证的义务，部分地还对论证的形式和对象附加了详细的要求。[1]例如，行政行为就必须要像刑事法院、民事法院以及行政法院的判决那样来进行论证。

对于议会的立法来说却缺少一个可以与上述情况相比较的明确的规定。此外，这一点也与此有关，即成文法是通过代表的秘密投票通过的，而支持某一法律的通过的动机可能是非常不同的；而且，也并没有一种"合适"的程序来最终达成让所有的参与者都满意的论证。这就导致了，在基本法之下并不存在去论证所颁布的法律的义务。

不过，立法者必须给出其所作出的决定的原因，这也同样是被普遍承认的。在有争议的情况下，这一义务也是联邦法院的程序中所要求的。如果德国联邦议会或者联邦政府不能够向法官们阐述出某一侵犯公民权利的规定的令人信服的原因，那么其法律就有可能被宣布为违宪。

因此，根据德国宪法，立法者有义务在立法程序中——最迟在联邦宪法法院的程序当中——给出其作出规定的原因，也即说去论证它自己的法律。

不过，立法者什么时候以及如何去履行这一义务德国宪法只是粗略地加以了规定。联邦宪法法院倒是情愿让那些在准备法律草案的过程中，在立法的过程中，在宪法法院的程序中所

---

[1] 关于此的基本概貌，请参阅：Kischel, Die Begründung（《论证》），S. 15 ff.

出现的"意见"都有效。由此,不仅仅议会及其成员和委员会的意见很重要,在实践上,联邦政府的立场也尤其重要,只要说联邦政府是由于《基本法》第76条第1款行使其立法动议权而启动立法程序的话。

如果缺少违宪审查——如中国的情况那样,那么也就不存在在宪法法院的程序中对成文法进行事后论证的可能性,那么也就没有必要再去研究德国法律在这一方面的特殊性了。

因此,进一步的思考也集中在制定法论证的功能上,它们如何能够从一般的法治国家的原则中和立法学的角度中推导出来。

关于此问题下面几点尤为重要:
• 论证对于解释和适用法律的意义;
• 与此相关的:论证对法律适用的专业法院监督的意义;
• 法律论证在制定法的内容和质量中的地位,尤其是在调查立法和法律结果评估的事实基础的情况下,只要这些事实基础对法律论证有本质性的影响。

对所有这些点来说共同的是,对制定法的论证与对制定法的正确理解及其效果密切相连。因此,任何对法律论证必要性的思考都是这样一种思考,即如何表述和设计法律才能使"立法者的意志"得到实现,才能使立法的基础和结果的清晰性存在。

但是,这也同时意味着:这涉及一种责任立法(eine verantwortliche Gesetzgebung),也即立法者很清楚,他的法律会引起哪些他在法律上和政治上必须承担的后果。

因此,对制定法进行论证的要求也就意味着任何想要获得好的立法的努力的核心层面。

在对上述简要的提到的各个问题进行进一步的讨论之前,这里还要介绍一下欧盟的立法领域中的不太相同的法律制度和实践。

二、欧盟法一瞥

与德国（宪）法不同，欧盟的基础法律承认由《里斯本条约》再次加以扩大的对所有法律措施（Rechtsakte）进行论证的义务，这规定在《欧洲联盟运行条约》第296条第2款中："法律措施须附有论证，须考虑在条约中规定的建议、动议、推荐或者立场。"这里的法律措施即是在《欧洲联盟运行条约》第288条中所列举的所有行为方式，不管是对单个问题的具体规定，还是抽象普遍的规定（条例、指令），抑或是那些不具有约束力的法律措施（推荐、立场）。[1]这一规定的意义显示在欧洲法院的大量的判决当中，在这些判决中，不履行论证义务招致了重大的后果。[2]通过这一论证义务，欧盟法中所承认的透明性原则得以具体化。[3]

欧洲法院在其司法实践（主要但不仅限于个案的各种措施）中强调论证义务对欧盟机构行为进行外部监督的意义。在通常的司法实践中，欧洲法院要求，在法律措施中共同体的机构必须公布其所作出的决定的原因，由此显示出，欧洲法院的法律监督以及其对成员国和其相关公民的指导得以实现，也即共同体的机构如何去适用欧盟条约。[4]

在条例和指令的情况中，根据欧洲法院的司法实践，论证可以限于如下的方面，即给出那些促成决定作出的一般的衡量以

---

[1] Calliess, in: ders./Ruffert (Hrsg.), EUV/AEUV, 4. Aufl. 2011, Art. 296, Rn. 8.
[2] Nachweise bei Calliess, (Fn. 3), Art. 296, Rn. 9 und 11 ff.
[3] Bröhmer, Transparenz als Verfassungsprinzip (《透明作为宪法原则》), 2004; Kischel, Die Begründung (《论证》), S. 113 f.; Calliess, (Fn. 3), Art. 296, Rn. 10.
[4] EuGH, Rs 158/80, Slg. 1981, 1805, Rn. 25-Rewe.

及给出那些通过这些法律措施应该得到实现的一般的目标。[1]在内容上，论证必须足够清楚地提供作出决定的欧盟机构的自身的考量，以此来使相关的人能从这一论证中得出欧盟机构所采取的措施的原因以及使法院能够实行其监督。[2]如果立法机关的裁量权越大而欧洲法院的监督程度越小，那么对论证义务的要求也就越高。[3]此外，当既有的司法实践被改变时以及偏离普遍的规则或者原则时也会要求更重的论证义务。[4]

在条例和指令的情形中，论证义务的履行首先是去论证由欧盟委员会在行使《欧盟条约》第17条第1款中的提案权而为其计划的法律措施提出的草案[5]。然而，这一论证并非是最终所公布的法律措施的组成部分，因此它不能单独满足《欧洲联盟运行条约》第296条第2款的要求。由此，欧盟委员会论证时的主要考量以及在立法程序中所表达出的各种立场的主要内容（这尤其是在法律措施中得到体现），还要在所谓的"衡量原因"（Erwägungsgründe）[6]中给出。这一"衡量原因"体现了对法律措施的集中论证，其作为解释的辅助手段尤其是有助于查明某一法律措施的目的设定（意义和目标）。[7]

---

[1] EuGH, Rs. C-58/01, SLG. 2003, I-9809, RN-97-Océ Van der Grinten NV/Kommission; Rs. C-361/01 P, Slg. 2003, I-8283, Rn. 102-KiK/HABM.

[2] Calliess, (Fn. 3), Art. 296, Rn. 23.

[3] Calliess, (Fn. 3), Art. 296, Rn. 27; *Scheffler*, DÖV 1977, 767 (769).

[4] Calliess, (Fn. 3), Art. 296, Rn. 24, 30.

[5] 这样的草案提出之前，在欧盟委员会、成员国以及代表团体之间通常会有数年的对话，而这一对话会被不同的立场、委员会的绿皮书和白皮书以及可能的推荐意见所控制。

[6] 衡量原因的范围是变化的，可能会包括数百个单个的点，例如非常有争议的欧盟服务贸易指令2006/136/EG，其中包括118个衡量原因。

[7] Wegener, in: Calliess/Ruffert, EUV/AEUV, 4. Aufl. 2011, Art. 19 EUV, Rn. 15.

欧盟的这一行为方式从根本上区别于德国的立法实践，在欧盟的立法中，衡量原因在参与立法程序的机关〔通常是欧洲议会和欧盟理事会（请参阅《欧洲联盟运行条约》第2条：根据《欧洲联盟运行条约》第294条的通常立法程序〔1〕）〕达成法律措施规范核心内容的合意后才宣告结束。据此，它涉及的是对该立法负责的机构针对已经完成的法律措施的论证。相对于德国立法程序中对法律草案的论证来说，欧盟的立法有"优点"，不过这一优点背后也有劣势，即这些论证原因不是以系统化的论证为目的而作出的，在很大程度上是建立在单个的立法参与者的立场的基础上的，这些立法参与者将其自身的立场被采纳作为其支持某一法律措施通过的条件。因此，这些衡量原因不仅仅涉及法律措施一般的目的设定，也涉及法律措施的具体细节，因此也显示出了彼此非常不同的重点。这一点在涉及解释时总是得加以考虑。

三、国家行为在法治国家母体上的论证

（一）理性、合法化与监督

在民主的宪政国家，国家行为服从于三方面的要求：理性、论证和监督。通过启蒙运动加深〔2〕对国家行为的理性〔3〕的要求，要能够给出一般的国家行为以及特殊的立法行为的"好的"，也即经受得住考验的、能够被普遍化的原因。此外，通过

---

〔1〕 关于更多细节请参阅：Kluth, in: Calliess/Ruffert, EUV/AEUV, 4. Aufl. 2011, Art. 294, Rn. 4 ff.

〔2〕 亚里士多德的古代政治哲学就承认这一思想上的联系。不过，这一思想上的联系尤其是被依曼纽尔·康德继续加以深化，并通过他的范畴法律理论更加准确地加以表述。

〔3〕 请进一步参阅：Schulze-Fielitz, (Fn. 1), S. 454 ff., 480 ff., 514 ff.; *Scherzberg*, in: Krebs (Hrsg.), Liber Amicorum Hans-Uwe Erichsen, 2004, S. 177 ff.

民主原则以及在基本权利中确定和具体化的自由原则还要求，这些给出的原因在国家行为造成限制自由的方面以及在公共福祉的方面能够使国家行为合法化。最后，在权力分立的体系中，国家行为还必须为了能够坚持前两个要求而服从某种监督。

所有三方面的共同点就是国家行为的论证。在论证中能够显示出，作为国家行为基础的原因是否能够经受住理性的检验；这些原因在其影响和结果方面是否也能够合法化国家行为；最后这些原因是否能够使得法院或者其他的监督机构对任何国家行为的外部监督得以可能，或者是否能够减轻它们对国家行为监督的难度。〔1〕

立法者将这三方面要求的共同作用最为严格地规定在了（书面的）裁量行政行为中。如果裁量行政行为缺少论证，那么就会假设其缺少理性，也就是说假设它是独断的，那么这一裁量行政行为也就会被取消。〔2〕此外，法院对裁量行政行为的合法性的监督（尤其是合法性以及合比例性）同样也涉及既有的论证。〔3〕对法院判决的监督，尤其是刑事判决，也是类似的。

议会的立法者是否也需要以相同方式受宪法母体的约束，

---

〔1〕 请简要参阅：Kischel, Die Begründung（《论证》），S. 55："Staatliche Macht und staatliches Handeln sind für den mündigen Bürger nicht einfach hinzunehmen, sondern bedürfen der vernunftgeprägten Rechtfertigung.（国家权力和国家行为不是要成年公民简单地加以接受，而是需要理性化的合法性论证。）"也参阅：Kant, Vom ewigen Frieden（《论永久和平》），1795.

〔2〕 BVerwG NVwZ 2007, 470（471）spricht von einer Indizwirkung der fehlenden Begründung.

〔3〕 如果缺乏论证，那么按照现今的《行政程序法》第45条第2款的规定也可以直到最后的事实审的时候，也即几年后，以治疗的效果弥补回来。这其中存有对最初理性要求时间上和事实上的相对化，这一点应该被谨慎对待，请参阅：Kopp/Ramsauer, VwVfG, 11. Aufl. 2011, § 45, Rn. 34; Sachs, in: Stelkens/Bonk/Sachs, VwVfG, 7. Aufl. 2008, § 45, Rn. 103 ff.; Martin, Heilung von Verfahrensfehlern im Verwaltungsverfahren（《行政程序中程序性错误的治愈》），2004, S. 34. ff.

因此是否也应该负担起对其行为（尤其是立法行为）的形式上的论证义务，由于宪法本身在这一问题上的沉默，而有争议。

除了在宪法上缺少一个明确的论证义务，也有其他的反对理由来将这一论证义务转移到立法者身上。如，立法者本身并不像行政行为和法院判决那样服从于某个立法，也不能视为是一种归纳行为。立法者只需受宪法约束，而宪法则通过立法者的行为来解释。此外，出于德国《基本法》第38条第1款中规定的代表的自由授权，确定某一代表在支持某项法律时所持的原因也是不可能的。[1] 上面这些理由就说明了，对制定法进行论证这一要求本身就需要一个充分的论证，尤其是当这一要求涉及的不仅仅是以提高立法产品的质量为目的的智性上的要求[2]时。因此也就必须严格区分宪法上的论证义务以及一个好的立法的形式因素和与程序相关的因素这两个方面。

（二）立法者论证义务的对象、内容、形式、时间点和主体

为了进一步研究这一主题，那些针对不同论证方法的分析性的区分是有助益的。在此可区分为论证的对象、内容、形式、时间点和主体。

在行政和法院行为的情形下处在涵摄情境（Subsumtionslage）中的国家行为是论证的对象，对这一论证来说，那些需要被适用的措施在事实和法律方面都得到了足够详细的规定；与此相较，立法者[3]则拥有高度的裁量自由而仅仅部分地通过非常

---

[1] Redeker/Karpenstein, NJW 2001, 2825 (2827).

[2] 请参阅：Scherzberg, Kluges Entscheiden: disziplinäre Grundlagen und interdisziplinäre Verknüpfungen（《智慧的决定：学科基础与跨学科联系》），2006; ders., Klugheit: Begriff, Anwendungen, Konzepte（《智慧：概念、运用与纲领》），2008.

[3] 这里作广义理解，包括有权提出法律草案的联邦政府以及同样行政行为的联邦参议院。

开放和宽泛的宪法规范来加以限制。因此，立法在大多数情况下都发生在一种解释情境（Interpretationslage）中，然而这一解释情境在一些单个领域中，如在关于立法权限〔1〕的规定中，可能会经历严重的向涵摄情境方向的集中。特殊情形还会出现在转化立法〔2〕的情况中，也即在这样一些立法例的安排中，在其中某一欧盟指令通过议会法律被转化实施。在这些案例情形下，立法行为的主要内容受到了指令的广泛的强行性内容的规定，并带来如下的结果，即对立法行为论证被缩减到了对欧盟法的转化实施义务的论证上。〔3〕

对论证内容的可以想见的要求也比乍看起来要复杂。论证的内容只是涉及法律问题和所要追求的目标？还是也必须将"原初事实"（Ausgangstatsachen），因此也即必须将经验的方面以及可能的效果和预测性的问题包含到论证中去？随便看一下联邦宪法法院〔4〕的司法实践就会明白，这里需要从对论证的广泛理解出发，这种理解包含经验的基础和效果的预测。

论证的方法使得那些立法者的专业知识、经验和专业科学表述的范围以及在立法论证范围中可能的思考深度所提出的要

---

〔1〕 关于立法权能规范解释和约束力的特殊性，请参阅：Kluth, Die Gesetzgebungskompetenz für das Recht der Spielhallen nach der Neufassung des Art. 74 Abs. 1 Nr. 11 GG（《根据新版的〈基本法〉第74条第1款第11项对赌场的立法权限》），2010，S. 41 ff.

〔2〕 Dazu Funke, Umsetzungsrecht, 2011.

〔3〕 这对所谓的指令的一对一转化的情况尤其适用，在这种情况中，立法者受限于转化指令的强制规定，并不能出于转化指令的动机而做出进一步的法律安排。在此，也有这样一种尝试，即试图将立法行为的政治争论减少到最小。在这些立法草案的论证中只是显示出，指令施与义务的目的是什么而放弃了对指令内容的独立的事实论证。

〔4〕 例如，请参阅 BVerfGE 50, 290 (331 f.); 66, 214 (224); 67, 290 (297). 关于对预测的要求，请进一步参阅 *Meßerschmidt*, Gesetzgebungsermessen（《立法裁量》），S. 926 ff.

求主题化。同时，通过这种方法，立法者（在包括进专业咨询的条件下[1]）也首先涉及了知识产生的方式。

　　法律论证必须以之为导向的关键时间点的确定对理解法律论证来说具有广泛的意义。在行政和法院的决定中，决定作出之后通常要进行论证[2]，与此相反，在大部分的立法程序（立法草案的论证和委员会立场的论证）中，单个的论证要素在时间上先于立法的结束。对于最终的法律通过之后的论证来说，在基本法中和在联邦议会、参议院的运行条例中缺少必要的程序法上的前提条件。然而，如果就此就去推断说，法律颁布之后的论证是不可能的，则是没有认识到政府或者议会在宪法法院的程序中对法律进行论证的可能性[3]，这种论证的真正的功能还需要进一步来探讨。

　　最后还要关注一下各自的论证主体。在此，全体大会只是在例外的情况下才会作为某项论证的作者进行必要研究，因为通常情况下都只是各个负责的委员会才会对论证的原因做详细表态。在法律草案中和在对委员会的推荐中的论证最终只有通过如下的方式才能适合地被归之于全体大会，即法律的通过已经假设了全体大会作为背后的默示的批准者。[4]因为自由授权而与此相关的问题在前面已经提到过了。

　　作为小结，现在可以确定：议会法律，作为国家行为最为主要的形式，从《基本法》第76条以下的书面条文内容以及从

---

　　[1] 请进一步参阅 Heintzen, in: Kluth/Krings（Hrsg.），Gesetzgebung（《立法》），2014，§ 9.

　　[2] 由此不要误认，在实践当中，通过预备性的投票，论证已经在最终的投票前就作出了。但是这一论证在决定被修改的时候会适应于被修改的决定。

　　[3] Dazu Janz/Rademacher, NVwZ 2004, 186 ff.

　　[4] 关于此思想也参见：Müller/Christensen, Juristische Methodik（《法学方法》），Bd. I, S. 347 f.

相应的各州关于立法程序〔1〕的宪法规范来看，并不服从于某种论证义务，至少是不服从某种清晰的、形式上的论证义务。虽然要求说，法律必须在公开的议会辩论中加以讨论和通过（《基本法》第42条第1款〔2〕），同时也要求法律必须在法律公报中加以公布（《基本法》第82条）。但是要求呈交论证的义务只是在运行条例中涉及法律草案的部分才承认。〔3〕此外，在寻找到这个规范文本背景下，发展出了一句源自之前的宪法法院法官维尼·盖格（Willi Geiger）而至今也经常引用〔4〕的名言："立法者对法律负有义务，而不负担法律之外的任何义务。"〔5〕

（三）立法独有的理性要求

但是，缺少普遍有效的对制定法进行论证的正式义务，并没有完全穷尽本文的主题，因为对议会立法的理性要求在阐释

---

〔1〕 Art. 70~72 BayVerf; Art. 59 f. BerlVerf; Art. 75 BrbVerf; Art. 123 BremVerf; Art. 48 HmbVerf; Art. 55 M-VVerf; Art. 41 f. NdsVerf; Art. 65 f. NWVerf; Art. 107 f. Rh-PfVerf; Art. 98 SaarlVerf; Art. 70 SächsVerf; Art. 77 SaAnhVerf; Art. 37 S-HVerf; Art. 81 ThürVerf.

〔2〕 然而委员会中的关键讨论是在不向公众公开的情况下进行的，请参阅：§ 69 Abs. 1 GO BT. 但是，通常情况下专家的听证是公开地进行的。

〔3〕 例如请参阅：§ 76 Abs. 2 GO BT sowie §§ 42 ff. GGO. 州政府与州议会的组织条例中也有类似的规定。

〔4〕 例如请参阅：die "Titel" von Erbguth, Und der Gesetzgeber schuldet wirklich nichts als das Gesetz? (《立法者真的对法律之外的东西都不负有义务？》), JZ 2008, 1038 und Waldhoff, Der Gesetzgeber schuldet nichts als das Gesetz (《立法者对法律之外的东西都不负有义务》), in: FS Isensee, 2007, S. 325.

〔5〕 Geiger, Gegenwartsprobleme der Verfassungsgerichtsbarkeit aus deutscher Sicht (《德国视角下违宪性审查的当前问题》), in: Berberich/Holl/Maaß (Hrsg.), Neue Entwicklungen im öffentlichen Recht (《公法领域内的新发展》), 1979, S. 131 (141). 完整的引文是："立法者向宪法机关、国家机关以及宪法法院负担的仅仅是法律。立法者并不向这些机关负担论证，甚至也无需向它们解释他自己的动机、考量和衡量。"

那些可靠的原因方面也能以其他的形式获得有效性。

根据普遍的看法，在涉及国家行为的方面，以下这一点也属于启蒙和民主的传统，即那些侵犯公民自由的或者侵犯法律上加以保护的制度的国家的决定需要可靠的论证。在行政行为[1]和法院判决方面，[2]这一今天已经没有争议的观点反映在大量的单个规定中[3]。同时，论证作为关键的连接点也有助于对已经作出的决定进行监督。

进一步的思考也可以联系到在联邦宪法法院[4]和一些州宪法法院[5]的司法实践中越来越多和越来越常见的一些论证；这些论证回溯到通过立法者来论证制定法上，而在论证不足的情况下，例如因为不符合逻辑，而作出被颁布的法律规则违宪的结论。[6]在这个背景下，在过去的几年又重新出现了关于对议会法律进行论证的宪法义务的激烈争论。[7]

然而，这些争论的核心问题不是立法者的论证义务，而毋宁是在立法者与违宪审查二者之间在宪法解释框架下为了具体实现共同福祉时的角色和任务的分配。简单地说，联邦宪法法院"拒绝"从自身出发为某一法律去寻找可靠的理由，它毋宁

---

〔1〕 Kischel, Die Begründung, S. 222 ff. 在行政立法（内部条例以及规章）的情形中只是在例外的情况下，也即在根据《建筑法》第10条作为规章而颁布的建筑规划时，法律才规定了论证义务。

〔2〕 Brüggemann, Die richterliche Begründungspflicht（《法官的论证义务》），1971；Kischel, Die Begründung, S. 176 ff.

〔3〕 Siehe etwa § 117 Abs. 2, 4 und 5 VwGO, § 313 Abs. 1, 3 ZPO, § 268 StPO, § 30 Abs. 1 BVerfGG.

〔4〕 BVerfGE 79, 311 (344); 106, 148 (151); 125, 175 (224).

〔5〕 请参阅：sanh LVerfG, LKV 1995, 75 (79 f.); LKV 2009, 367 (368 f.) – jeweils zur Begründung von Maßnahmen der Gemeindegebietsreform.

〔6〕 也请参阅：Osterloh, in: FS Bryde, 2013, S. 429 ff.

〔7〕 还请参阅：Hebeler, DÖV 2010, 754 ff.; Mehde/Hanke, ZG 2010, 381 ff.; Schwarz/Bravidor, JZ 2011, 653 ff.

是要求，立法者能够给出这些可靠的理由——不管是在立法程序给出的论证中，还是在宪法法院的程序中。这一点下面再做进一步的探讨。

但是，首先需要指出，同样重要的"好的立法"这一主题需要区别于这一宪法的反思层面；此外，"好的立法"也涉及在立法程序中的法律论证。在此，其涉及对"最优立法"的新理解[1]，尤其是涉及对立法结果的评估、避免额外的行政成本以及公民对法律的可理解性。[2]所有这些目标设定都反映在与立法工作相关的政府和议会的运行条例中，也促成了规范监督法律[3]的颁布。

四、制定法论证的对象、方法和要素

（一）制定法目的、目标的论证

现代立法首先由其所要追求的目的和目标来决定。这一点也显示在成文法的解释框架[4]中目的论解释占主导地位的情况中，这也是制定法作为国家的中心控制手段的体现。[5]因此，立法目标和目的的确定在论证时也具有重要的意义。

目的（希腊语 τέλος 拉丁语 finis，英语 purpose）被理解为某一有目标的活动或者行为的动因［Beweggrund（movens）］。

---

[1] 关于这个概念，请参阅：Schwerdtfeger, in: FS Ipsen, 1977, S. 173 ff.；Smeddinck, DVBl. 2003, 641 ff.

[2] 公民可理解性的意义，对此也请参阅：siehe dazu auch Eichhoff-Cyrus/Antos (Hrsg.), Verständlichkeit als Bürgerrecht（《作为公民权的可理解性》），2008.

[3] Dazu Hofmann/Birkenmeier, in: Kluth/Krings (Hrsg.), Gesetzgebung（《立法》），2014, § 12.

[4] Müller/Christensen, (Fn. 30), S. 336 ff.

[5] 这一发现，即制定法的控制成效已经减弱了，也改变不了什么。仍旧没有其他的法治国家的工具手段具有与成文法可相提并论的有效性。此外，在消极的场景中经常过分描述的理想观念和怀疑性的评价也会遭遇到现实的（反驳）。

而目标（Telos）作为某一行为的动机被描述为目的因或者最终因［Zweck- oder Finalursache（causa finalis）］。据此，在目的和目标之间存在紧密的相互关系。

宪法只是在少数的情况下才给立法者的行为规定具体的目的。这些情况涉及的是较少在《基本法》中确定的立法委托（Gesetzgebungsaufträge），例如，《基本法》第6条第5款。[1]国家的目标设定[2]以及基本权利保护和促进的委托[3]虽然也使立法者有义务作出行为。[4]但是，它们在通常情况下非常的宽泛，以至于人们还不能将之说成是某一具体立法行为中的目标设定意义上的立法目的。因此，一般的关涉到这些宪法上的普遍规定还不够去表述具体的立法目的。这种关涉只是能够被用来去论证立法者行为（一般的）合法性。

宪法中较少为具体的立法行为进行规定，在这个背景下，立法者目的设定的权能受到宽泛的裁量的影响，这种裁量只能够非常有限地服从于宪法的监督。[5]

对联邦的立法者来说，立法目的的具体化在证明其立法权能方面也具有重要意义。因为一部制定法可以允许立法者追求多个立法目的，在此就可能出现划分和归类的问题。例如通过在国家或者国家补贴的机构中引入法定的儿童照管权，既能够实现《基本法》第74条第1款第7项中规定的公共救济的任务，也能作为实现教育政策的手段，而后者是落入各州立法权

---

[1] Dazu näher Badura, in: Maunz/Dürig, GG, Art. 6, Rn. 175 ff.

[2] Sommermann, Staatsziele und Staatszielbestimmungen（《国家目标与国家目标的设定》），1997.

[3] Zu Förderaufträgen exemplarisch am Beispiel des Art. , 3 Abs. 2 S. 2 GG: Dürig/Scholz, in: Maunz/Dürig, GG, Art. 3 Abs. 2, Rn. 58 ff.

[4] Sommermann, (Fn. 49), S. 377 ff.

[5] Meßerschmidt, Gesetzgebungsermessen, S. 881 ff.

限的领域内的。[1]同样,立法建议的单个部分也能有助于实现不同的立法目的,这些单个部分可以由不同的立法权限来保证。例如,《商店营业法》可以服务于劳动者保护、确保竞争平等以及保护节假日休息这些目的。[2]最后,通过扩大规则的权限可以使尽可能有效和尽可能广泛的目标实现得以可能,藉此附加权能领域的类别还有助于尊重目的设定的裁量。

将立法目的表述在一部制定法的开端是现代立法的特征。例如,在现代环境法中将通过法律来保护的环境媒介和通过法律来追求的目标都列举了出来。《联邦排放保护法》(BImSchG)第1条规定:"本法的目的是,保护人、动植物、土地、水体、大气以及文化和其他物质利益免受有害环境的侵害,预防有害环境的产生。"相似地,《循环经济与垃圾处理法》(KrW-/AbfG)第1条也规定:"本法的目的是促进保护自然资源的循环经济的发展,确保在垃圾的产生和处理活动中人和环境的安全。"另外一个更加准确地表述了目标设定的例子是《社会法》第五编中的第1条:"疾病保险作为互助共同体承担此项任务,即维护和恢复保险人的健康,提高其健康状况。保险人对自己的健康也负有责任;保险人应该通过健康的生活方式、参加早期的健康预防措施以及通过积极主动地参与治疗和康复工作来避免疾病、残疾的出现以及克服它们所带来的后果。保险公司应该通过向保险人说明、咨询以及提供服务来帮助保险人,促进健康的生活状况。"这些规定对制定法的解释来说具有指导性的意义,这一指导性的意义也可以和法律解释框架下的论证功能相提并论。

如果立法者在法律文本中采纳这样的目的设定,那么对于

---

[1] BVerfG NJW 1998, 2128 ff.

[2] BVerfG NVwZ 2010, 570 ff.

法律草案的论证来说就"只"剩下通过解释客观原因和解释对规则效果的期望来将这一目的和目标的表述加以深化的任务。由此就产生了另外两方面制定法论证的问题。

(二) 立法计划经验基础的论证

立法总是一种对"现实性"的反应，不管是去改变现实还是去维护现实。只有当作为控制的出发点的既有事实和框架条件被判断为"现实的"或者"与现实相符"的时候，立法的控制和安排的权能才是可实现的。

对现实的感知和描述有赖于感知者和描述者的立场和主观价值——并不存在完全独立于观察者的立场和先前理解 (Vorverständnis) 的感知过程。这一观点早就成了认识论的基础知识，而托马斯·阿奎那将其精炼地表述为一个简洁的名言："那些被理解（被接受）的东西，总是以理解者（接受者）自身的方式和方法被理解 (Quidquid recipitur per modum recipientis recipitur)。"[1]此处所说的感知过程中不可避免的主观部分不可与完全放弃客观性相混淆，后者是激进认识论相对主义所代表的。但是，在指向主体间相互理解的控制过程的范围内，这样的主观部分导致了在对感知过程和结果"正确性"作出判断时多样性的增加。因此，以下这一点在认识论上就是顺理成章的，也是被要求的，即联邦宪法法院[2]赋予了立法者在确定立法行为经验基础时的判断和评价的裁量空间。[3]此外，也有权能分配方面的原因。[4]

---

[1] Thomas von Aquin, Summa theologica, I, Q. XII, Art. 4. Übersetzt: "Was auch immer verstanden (rezipiert) wird, wird in der Art und Weise des Verstehenden (des Rezipienten) verstanden."

[2] Grundlegend BVerfGE 7, 377 (412); 50, 290 (331).

[3] Meßerschmidt, Gesetzgebungsermessen, S. 926 ff.

[4] Dazu grundlegend Ossenbühl, FG BVerfG I, 1976, S. 458 (467 ff.).

立法说明理由——质量保障和政治、司法监督的基石

联邦宪法法院在其"信息上很重要"的人口普查的判决中也强调充分的"事实认识"对立法的意义:"如果经济和社会的发展不应该被接受为是一成不变的,而是应该被理解为是一种持续的任务,那么就需要一种广泛的、持续的和不断更新的关于经济、生态和社会状况的信息。只有对相关数据的认识和通过这些数据提供的信息,连同由信息自动处理为统计学提供的机会才能为以社会国家原则为导向的国家政策提供不可或缺的行动基础。"[1]

对立法结果进行评估的义务目的也在于更好地考虑到立法时的现实,因为它不仅仅涉及去确定制定法可能的有害和不被希望的效果,而且还涉及要考虑和确保立法的现实状况。[2]因此,梅塞施密特(Meßerschmidt)正确地指出:"最后,如果立法者可以不受惩罚地错认现实条件,由此可以恣意地引用宪法条文,那么最好的宪法及其具体的解释都没有什么价值。"[3]

沃尔内克(Roellecke)简要地评述了一下这个观点:"因为每一条规范都是倾向于实现的,因此规范的安排不仅仅以将来关系的可变化性为前提,而且将来的现实状况的变化也正好会是其核心内容。因此,设置的自由只有在自由的判断中通过以下这一点才能存在,即将来的事实情况是否出现,是否应该出现或者不出现。如果国家机关被授权进行安排,如果其被取消了判断,那么它们实际上也被取消了设置的自由。"[4]

在此,与《行政程序法》第24条范围中的行政事实确定(只要其不是在自己制定规范)相比,存在根本上的差异。与行

---

[1] BVerfGE 65, 1 (47); zuvor bereits BVerfGE 27, 1 (9).
[2] Meßerschmidt, Gesetzgebungsermessen, S. 928.
[3] Meßerschmidt, Gesetzgebungsermessen, S. 938.
[4] Roellecke, Politik und Verfassungsgerichtsbarkeit(《政治和违宪审查》), 1961, S. 150 f.

政需要去确定一个在构成要件上清晰的事实不同,立法者的任务则最好用"材料开发"这一表达去描述,从这一表达中可以认识到,要为这一领域划上界限要困难得多。

(三)对预测的论证

立法者在不同的情形下都会指向预测(希腊语 πρόγνωσις prognosis,字面意思是"提前知道""预先认识"),也即是一种与将来相关的陈述:第一,当立法者用某一源自法律的效果来论证法律规定时——效果相关的预测;第二,当立法者将特定的,在立法时还没有得到证明的性质归之于特定的事实,并依此来论证某一法律规定时——性质相关的预测。这两种预测形式的共同点是,行为都是处在不可知或者有限的知道的条件下。[1]

然而,没有一个预测可以被允许"模棱两可"。预测的经验和理论基础[2](对于后来的法院来说)必须是可认识和检查的。[3]

当某一法律规则具有例外性的特征时,联邦宪法法院也为其提出了特殊的论证要求。例如,其在一个关于州财政平衡的判决中指出,由于特殊的事实情况,如果各州自身单独的负担也通过联邦的补贴分配获得了资助,那么在这样的情况下就产生了特殊的论证义务。[4]在影响程序的法律里,如《预算法》

---

[1] 关于在不确定条件下的(国家)行为的宪法要求,请参阅:Spieker gen. Döhmann, Staatliche Entscheidungen unter Unsicherheit(《不确定性下的国家决定》),2011.

[2] Zu einem Fall untauglicher theoretischer Grundlagen BVerfGE 86, 148 (235); sanh VerfG DVBl. 2012, 1494 ff.

[3] BVerfGE 39, 210 (226); 50, 290 (332).

[4] BVerfGE 101, 158 (224 f.); siehe auch BVerfGE 115, 97 (114). Anders noch BVerfGE 86, 148 (241), wonach der Gesetzgeber nicht verpflichtet sein sollte, die Gründe für die Wahl des konkreten Wertes der Einwohnerwertung darzulegen.

中，当涉及来自于无需特定形式的预算公开义务的国债时，法院假设了一个解释义务。[1]因此，在结果上重要的是，国家举债的原因是一个可理解的程序的组成部分，而这一程序有助于为决定的合法性作出贡献。[2]论证义务在计划性措施，如县的边界改革领域，具有突出意义。在这一领域，州宪法就已经要求，改革只能出于公共利益的原因才能进行。此外，宪法法院的司法实践也发展出了广泛的调查和衡量义务，这些义务的遵守与否会在宪法法院的程序中加以精确地审查。因此，公共利益的原因和新的划分目标之间必须能够让人理解地加以衡量。[3]立法者必须"根据可靠的来源通过他的衡量的事实基础来获得自己的图像"。[4]但是，这个领域并不是要去接受那些来自于建筑和专业计划法的计划性法律的所有细节。立法者只需要以这样的方式能够让人理解地去论证已经作出的决定的主要方面，而非每一个细节。[5]在平等原则的运用领域和在涉及保障最低生存限度措施领域，联邦法院也同样提出了广泛的要求。在根据《社会法》第二编关于确定给付的判决中，其相应地指出：为了保证法院的监督，"在可靠的数据和符合逻辑的计算程序基础上的给付确定必须是可以事后检验的。"如果缺少这一点，则可以确定其因为没有履行这一义务而违宪。[6]联邦宪法法院在难民申请的法律中也以相似的方式作出了判决。[7]

---

[1] BVerfGE 79, 311 (344 f.).

[2] Schwarz/Bravidor, JZ 2011, 653 (655).

[3] Nierhaus, in: Sachs (Hrsg.), GG, Art. 28, Rn. 42.

[4] BVerfGE 86, 90 (116).

[5] Siehe auch Hebeler, DÖV 2010, 754 (758), Schwarz/Bravidor, JZ 2011, 653 (654); Redeker/Karpenstein, NJW 2001, 2825 (2827).

[6] BVerfGE 125, 175 (226).

[7] BVerfG, ZAR 2012, 339.

五、制定法论证的功能及其给实践带来的结果

（一）论证对法律解释的意义

制定法的论证在传统的关于法律解释或是法律的具体化[1]的争论中直到今天也占有中心地位；在其相对立的两个方面中，一个方面是以主观性的关键词、以历史立法者的意志为导向的解释方法为特征，另一个方面则以客观的，尤其是以制定法的目的为导向的解释方法为特征。[2]即使这两种立场早就不存在纯粹的形式了且它们现在只是造成了在论证中的细微差别[3]，但是理解它们之间的争论仍然是有意义的，因为它能使对法律论证的意义的观察更为清晰。

在法律的解释时需要考虑——在其存在以及结构上就有的争议的——立法者的"意志"，这一点属于当今方法论的普遍承认的基础。[4]不过，有争议的是，怎么去确定这一意志以及怎么去确定那些由立法程序的参与者所表达出来的个别立场和看法具有哪些约束力，尤其是在法律草案的论证以及委员会的决定推荐中，因为这二者通常最为重要。[5]

在立法材料中可以找到的各种意见在许多方面都具有偶然性的特征，这一偶然性特征涉及众多的观点。例如，在立法草案初稿的论证中，以下这些主题会得到特别详细的讨论，即这

---

[1] So die Terminologie bei Müller/Christensen, (Fn. 46), S. 74 ff.

[2] Übersicht und Nachweise bei *Kischel*, Die Begründung, S. 267 ff.

[3] 关于当今争论状态一个很好的介绍，请参阅：Larenz/Canaris, Methodenlehre der Rechtswissenschaft（《法学方法论》），3. Aufl. 1995, S. 137 ff.

[4] Kischel, Die Begründung, S. 270. Dazu vertiefend *Müller/Christensen*, (Fn. 30), S. 242 ff.

[5] 关于历史解释，请参阅：BVerfGE 105, 135 (178); Müller/Christensen, (Fn. 30), S. 84 ff.

些主题要么对争取政治上的支持特别重要，要么通过这些主题能够反驳可能遭受到的批评。而那些还没有预见到的争论点，或者那些在立法程序中最有可能逃避讨论的点，很自然不会或者只是很少地才会被作为一个讨论的主题。

在法院的司法实践中，人们一方面会碰到这一原则，即历史或者起源的解释只是为了填补其他的解释方法才被使用，以此来克服既存不确定性或者来加强已经获得的解释结果。[1]虽然把起源解释划分为是一种次位和相对的种类，但是在司法实践中却有大量的例子来说明，通过回溯到立法时的立法材料，某一解释结果不仅仅是得到了加强或者说得到了辅助，而是得到了决定性的证成。[2]这些例子都说明了起源解释的至关重要，从中可以很明显地看出，特定的事实情况具有特殊的意义。例如，尤其是在一些涉及权能划分的规范的解释时就经常会涉及它们产生的原因。[3]

只要议会（在宪法上）没有规定对制定法的系统性的论证，也没有规定时间上后来的论证，那么所有的程序上的资料都只具有辅助性的功能。尤其是在法律草案的论证中所表达出来的法律观点并不能发挥约束力。这会导致得出表面上令人吃惊的结论，即立法者"变得更加聪明"，能在联邦宪法法院的程序中"从帽子中用魔法变出"新的论证。在此，立法者获得了一个"宽限期"，以纠正错误和不当的观点。

立法者的目的设定以及对比例性控制的衡量也具有重要意义，因为在这种情况下，宪法赋予了立法者相当广泛的安排和

---

[1] Siehe exemplarisch BVerfGE 105, 135 (178).

[2] Siehe etwa BVerfGE 109, 190 (218) m. w. N.

[3] Siehe dazu exemplarisch Kluth, Die Gesetzgebungskompetenz für das Recht der Spielhallen nach der Neufassung des Art. 74 Abs. 1 Nr. 11 GG, 2010, S. 36 ff.

论证的裁量空间。

（二）论证作为制定法合法性的要素

成年的公民能够被说服。[1]合法性（Legitimation）与作为其主观方面的接受性（Akzeptanz），在一个公开的民主宪法国家紧密相连。[2]在此，对决定的论证则具有了中心的地位。

这一为行政行为和专业法院而发展出来的理论出于多方面的原因而只能非常有限地转移到立法上。第一，因为规范接收者范围的不确定及其多样性，立法缺少一个对话的语境（Dialogsituation），在这个语境中一方能够进行和提供针对另一方的论证。这一状况，即许多法律对于部分的规范接收者来说是有利的而对其他的规范接收者来说是有害的，就已经体现出了众多的困难。第二，在大量的立法行为中，只有个别的规范除了规范自身还包含论证，以此来为它的特殊重要性唤起特别的注意。在此，用其他的方法来为立法行为提供目标和原因，例如借由媒体来进行公开的政治辩论，相对于书面的立法论证来说更具有优势。

（三）论证作为自我控制与质量保障的工具

"论证在时间上的第一个功能不是向外的，不是向其他的权威机构，第三人或者是公众，而是首先向着作出决定的人自己的。论证为决定者打开了自我控制的重要可能性。"[3]由此显示出了论证的另外一个不仅仅对制定法有效的中心功能。论证同时也指向了立法的制度和政治框架条件，这些框架条件可能会阻碍论证的这一功能的实现。

---

[1] Limbach, Die Akzeptanz verfassungsgerichtlicher Entscheidungen（《宪法法院判决的接受》），1997, S. 9.

[2] Kischel, Die Begründung, S. 55.

[3] Kischel, Die Begründung, S. 40.

立法说明理由——质量保障和政治、司法监督的基石

一般来说制定法是一个较长和分为许多阶段的决定程序的产品，即使是在联邦议会和参议院中政治的多数关系（Mehrheitsverhältniss）清楚的情况下，这一决定程序也需要克服众多的支持障碍（Zustimmungshürden），这些支持上的障碍每次都要求回答提出这个立法草案的原因。[1]立法草案的初稿就会在各部门投票[2]时被提出批评性的质询，而在定稿之前还需经历联邦政府的批评性的质询。因此由《共同组织法》（GGO）第42条规定的论证在这个阶段就具有重要的地位。此外，在这个阶段不仅可能对立法草案进行更改，而且只要论证不是足够的可靠，也可对其进行修改。

从这个方面看，附加在立法草案中的论证本身就是一个或多或少公开的寻找过程（Suchvorgang）的结果，不管这个过程是为了寻找最好的解决方法还是为了寻找最好的论证。通过论证，不仅仅能够发现相对其他的安排可能性来说更好的目的设定，也能够发现更好的手段，因此，论证也有助于立法质量的保证。

（四）论证作为民主透明性要求与对立法者的政治监督的前提

此外，议会民主还建立在选民和公众对议会和政府工作的监督和评价的基础上。这一点不仅仅以议会行为的公开性[3]和透明性为前提，而且原则上还尤其以对立法措施的原因的获

---

[1] Dazu anschaulich von Beyme, Der Gesetzgeber. Der Bundestag als Entscheidungszentrum（《立法者。联邦议会作为决定的中心》），1997.

[2] 还需注意，各个部门完全是追求自己的利益，在德国常见的联合执政的情况下，政治上也可能会有不同的方向。部门之间的争议在实践中比起在联邦议会中的立法磋商来往往对法律的内容有更大的影响。

[3] Dazu auch Pernice, Öffentlichkeit und Medienöffentlichkeit（《公开性与媒体公开性》），2000.

知为前提。[1]

另外，对某一并非由自己做出的决定的原因的获知，是对立法者进行政治监督的中心要素，因为措施不仅仅要从它的效果来衡量，而且也必须从它的原因来衡量。[2]

（五）论证作为一般的正义要求

下面这一与联邦议会立法相关的说法："在立法程序中，非正式地获得的结果可被认定"，揭示了合法性的困境：透明程序的合法性效果被破坏了，同时，论证的力量也被削弱了，因为这些论证由于虚假的形式性而缺乏说服力。如果决定在议会的程序之外就已经被约定，而这是显而易见，那么程序本身就只是一个表象，也不能论证任何可靠的合法性。

在政治哲学的领域，哈依雷尔·福斯特（Rainer Forst）用他的结构主义正义理论揭示出：在一个受多元主义强烈影响的社会和文化范围内，论证是首要的或者说是唯一的能够被用来证成决定的合法性的东西，而这以约翰·罗尔斯（John Rawls）意义上的公平制度为前提。[3]此外，福斯特之后也指出，我们的政治文化处在这样一个阶段中，在其中配置了对合法性关系[4]（Rechtfertigungsverhältnisse）的批判。[5]总的来说，这一要求较少地涉及宪法的框架，而更多地涉及宪法内容上的填充，也即是说更多涉及的是立法这一主题，即规定的制度和合程序的框架是怎么被使用和填充的。对福斯特来说："权力……是一种

---

[1] Schwarz/Bravidor, JZ 2011, 653 (658 f.).

[2] Lücke, Begründungszwang und Verfassung, S. 98; Redeker/Karpenstein, NJW 2001, 2825 (2827); Pestalozza, NJW 1981, 2081 (2086). Zurückhaltender Schulze-Fielitz, JZ 2004, 862 (867); Rixecker, in: FS Ellscheid, 1999, S. 128 (131).

[3] Forst, Das Recht auf Rechtfertigung (《对合法性论证的权利》), 2007.

[4] 这不仅仅涉及国家的领域，而且涉及从家庭开始的所有社会领域。

[5] Forst, Kritik der Rechtfertigungsverhältnisse (《合法性关系批判》), 2011.

通过原因进行约束的表达；它优于论证它的权威，如果这一权威不是建立在接受性的基础上的话。"[1]民主立法者也不应该对这一思想视而不见。

---

〔1〕 Forst,（Fn.92），S.128. 在其中同时隐含了对被过分形式化地理解的民主原则的批判，这一民主原则（主要）依据形式的合法性行动（"链条"）。

立法权限与法律效果评估

艾克·米夏埃尔·弗伦策尔 著 曾 韬 译

初步看来，立法权限和法律效果评估仅因它们均涉及立法才存在关联。对于任何一项立法而言，立法权限是核心问题，且必须分配明确，而法律效果评估——尤其是对于被赋予立法权限的主体而言——是立法的一个工具。立法权限只能存在或者不存在，而评估法律效果的能力却是其内在要素，否则权限无法被负责地行使。为了实现这一目的，我们可以想到不同程度或形式的法律效果评估，但我们应该遵循适度原则，毕竟"是药三分毒"。下文旨在阐述这两个方面在德国的情况。

一、引言

"法律是政策的结晶体"[1]：法律是政治的一种形式，从法治国家的角度出发，它是最优形式的一种。国家通过形式获得外观：行为形式、程序和组织。以一部具体的法律的面貌所呈现出来的法可能是很短命的。这种状况在由政策主导的道路建

---

[1] D. Grimm, Recht und Politik, JuS 1969, 501 (502).

设、供水管网的组织以及大学的设立〔1〕方面是极为不明智甚至是让人无法容忍的。立法的目的在于制定长期有效的抽象、普遍的规范,但在体现为权力源于人民(《德意志联邦共和国基本法》第20条第2款第1句如是规定)以及实现人民意志上(《中华人民共和国立法法》第5条),它只具备辅助性功能。立法的功能在于制定法律,亦即颁布或者修改法律,不制定法律则为其例外情形。因此,立法的此种功能定位往往会导致"立法狂热('Hang zum Gesetz')"。当参与立法的机关发现,法律并非最佳的行动手段,它们必须考虑其他的行动手段(决定、推荐),这就意味着,它们有时候根本就无需作为。仅仅佯装有行动能力、却没有丝毫实效的象征性立法绝非可予可虑的行动手段:"滥竽充数的法律驱逐必要的法律,能为人所规避的法律同样会有害立法。立法必须有实实在在的作用。"〔2〕

这也是法之安定性的题中之意。安定性目标的基础还在于,法所调整的社会问题是复杂的,人们只有在长期的周而往复之中才能把握它们。因此,如果人们要求要不间断地对立法进行反思、重整制定的规范以及反思其效果,那么这不仅会给立法带来难以承受的负担,也违背了立法的性质。

尽管如此,法律效果评估仍不失为一种在立法之前、之中和之后用以提高立法的审慎性和合理性的工具。立法机关——它们在联邦立法的层面是联邦议院、联邦参议院以及作为有提案权的主体的联邦政府——必须进行法律效果评估。

---

〔1〕 Vgl. M. Lendi, Nachhaltigkeit in der Bürgergesellschaft: Verantwortungsvolles Planen, Entscheiden und Handeln, Politische Studien 2001, Sonderheft 1, S. 33 (38 f.).

〔2〕 Vgl. C. -L. de Secondât Montesquieu, Vom Geist der Gesetze (1748), Stuttgart 2011, S. 415 (29, Buch, 16. Kapitel).

二、立法及创制规范的权限

立法，在一个更一般的层面而言，规范的创制，自然是与特定的形式紧密相关的：议会法律、法规命令、规章，换个角度讲，还有行政规定。它们可能是联邦层面的，也可能是州层面的以及欧盟层面的。下面将举例介绍几种规范创制的形式。同时，我们也会讨论到规范创制权限的分配的破格现象或者说扭曲现象。这些破格现象一方面能有助于各种立法权限之间的交叉咬合，另一方面也可能会消弭形式本身。

（一）议会法律

议会法律是形式上的法律，在联邦层面由联邦议院决定通过。在联邦立法中，联邦议院占据了核心的地位。"联邦法律由联邦议院决定通过"。[1]如果由州政府主导的作为州的代表的联邦参议院表示同意或者不持续地提出异议，联邦法律便告产生。在此之前，州和联邦政府可以作为有提案权的主体参与立法程序。[2]鉴于法律大多基于联邦政府的法律提案，人们也可以将之称为"执行机关的主导性"。[3]随后，联邦参议院可以基于同意权或者异议参与到立法程序之中。

联邦立法根据其立法权限进行。根据《基本法》第30条、第70条的规定，立法权限属于州，只要基本法未向联邦授予立法权限。[4]《基本法》第73条、第74条规定了联邦享有的排他性立法权或者竞合性立法权的事项。然而，在这些清单中存

---

[1]《基本法》第77条第1款第1句。
[2]《基本法》第76条第1款："法律案可由联邦政府、联邦议院的成员或者联邦参议院在联邦议院中提出。"
[3] G. Krings, Das Gesetz im demokratischen Verfassungsstaat, in: Handbuch, 2014, § 2 Rn. 60.
[4]《基本法》第70条第1款。

在区分的不确定性。长期来看,此种不确定性显得不足为虑,但其中事实上隐藏了为数众多、在具体事项上不时呈现的难题。由于此种不确定性,立法权限可能会以有利于一个权力主体的方式存在或者不存在。在由州负责制定的《出版法》近来就提供了一个这一方面的现实的例子。联邦行政法院于2013年2月判定,这一立法权限不包括确立一个《出版法》上的针对联邦行政部门的索要信息请求权——实际上,与之相反的观点长久以来更有市场——尽管言之成据的相反的观点在脚注中也有所提到。

框架立法权(旧版《基本法》第75条〔1〕)于2006年被废除。过去,设定此种立法权的目的在于将各种立法权限连结起来,以便联邦的多样性和联邦国家的统一性相协调。联邦过去在某些事项上根本没有行使过此项立法权限,就其他角度而言它也不能算是《基本法》的一个特别有可行性的和成功的规定。废除《基本法》第75条并未解决界分立法权限的难题。这方面的例子有《基本法》第72条第2款、第3款和尤其是《基

---

〔1〕 第75条框架立法

第一款 在第72条规定的前提下,联邦在下列范围内享有颁布框架性规范的权利:

1. 州、乡镇及其他公法机构公共服务人员的法律关系,但第74a条另有规定时除外;
1a. 高等教育制度的一般原则;
2. 新闻制度的一般法律关系;
3. 狩猎制度、自然和风景保护;
4. 土地分配、地区规划和水资源管理;
5. 户口登记制度和身份证制度;
6. 防止德意志的文化遗产流失海外。

第二款 框架性立法一般不得包含针对具体细节的和直接有效的规定。

第三款 如果联邦颁布了框架性规定,各个州有义务在合理的期限内制定相关必要的州法律。

本法》第 74 条第 1 款中各个关于立法权限的表述之间的界分问题。例如，如何根据《基本法》第 74 条第 1 款第 20 项关于食畜的动物保护与其他的"情感性"动物保护相区分的问题。

(二) 法规命令

位于议会法律之下的是法规命令（《基本法》第 80 条）只有基于法律的授权才能颁布法规命令。根据联邦法律，联邦政府、联邦的部或者州政府能够被赋予此项职权。法律也可以做出关于将授权移交其他主体的规定，例如移交给一个州的部或局。

对于什么是一个法规命令可以制定的规制内容，有下述标准：内容、目的和授权的范围必须由法律确定（《基本法》第 80 条第 1 款第 2 句）。联邦宪法法院根据决定的重要性这一特征确立一个另外的标准：所有重要决定必须通过形式上的法律作出，也即通过议会法律作出。"……在具有根本性意义的规范性领域，至少是在基本权利的行使的领域，只要国家的规制是可能的"。[1]立法者——作为一个并非事实存在而是体现了各种参与法律制定的主体的全体的形象——"有义务自己在基本权利的行使的领域中对国家规制能够有所作为的领域确定各种界限"[2]。就此而言，立法权限在形式上被严格地确定了下来。

《基本法》并没有严格区分议会的规范创制与政府和部门规范创制职权：例如《基本法》为联邦参议院规定了同意保留（《基本法》第 80 条第 2 款），联邦国家原则由此得以兼顾。相较而言，州的议院通过颁布法律侵夺赋予州政府的制定法规的授权的可能性在实践中显得并不太重要。这种做法也是可以在

---

[1] BVerfGE 49, 89 (126) -Kalkar (1978).

[2] BVerfGE 34, 165 (193) -Förderstufe (1972).

联邦国家原则中获得依据的：在一个州之内向州政府赋予创制规范的权力不应完全由联邦决定。

上述不严格区分议会立法和行政立法于《基本法》有据，是正当的。那些大范围改动立法权力的普通法律上的规定却很成问题，不客气地说，它们搅浑了立法权力的分配。例如，联邦议院一般会在赋予制定法规的授权的规定中设立同意保留、甚至修正保留的规定。此种规定在极大程度上侵害了行政机关的立法职权。同意保留本身问题尚且不大，毕竟法规在此种情形中还是由行政机关制定的，只是它的生效取决于联邦议院的同意。但联邦议院不应该借此主宰立法。就此而言，同意保留是有其不良因素的。此种情况必然会预设了前后矛盾的风险。

修正保留的问题不局限于前后矛盾。联邦议院在此种情形中将一项本来不属于它的立法职权据为己有。行政机关制定法规的职权就被转换成了联邦议院的修正法规的职权。议会也可以通过法律作出同样的规定并不能成为支持此种做法的理由。宪法关于法规命令的规定绝对不只局限于确立一种行为的形式本身。

《反限制竞争法》第四十七 K 条 燃料市场的监控

第八款 联邦经济技术部有权通过制定无需联邦参议院同意的法规依据第二款的规定作出关于申报的规定和根据第五款的规定作出关于价格数据上报的规定，尤其……。联邦经济和技术部应将该法规呈送联邦议院。联邦议院有权通过决议变更或者否决该法规。变更或者否决的决议应送达联邦经济和技术部。如果联邦议院在该法规呈送至联邦议院后在三个会议周内未对其进行审议，视为联邦议院同意了该法规。

该项规定于制定《反限制竞争法》第四十七 K 条[1]的过程中引入。根据何在，人们无从得知[2]。这不符合《基本法》的对行为形式的规定，因为它变动了规范创制职权的主体。形式的明确性和正确性之所以必须得到保证，是因为形式的杂糅是不能被容忍的。这样说的原因还在于，国家本身是无自由可言的，相反，它是个人自由的债务人[3]。

（三）规章

规章作为一种行为的形式在方方面面都可以用得上，例如以章程的面貌出现的内部法，作为地方、道路或者建设法规上的措施[4]，或者以建设规划形式出现的规划法上的措施。这些规章均须在法律的框架内制定。此种规范创制权部分地具有推导属性，议会法律的规定给它们设定了大致的轮廓。制定主体较为了解所规范对象，是此种规定的部分根据，更重要的根据在于，应该让有关主体在法律的框架内自己调整自己的事务。关于建设规划的具体规章由市镇基于它们的规划职权制定；关于道路交通的规章由被课以道路建设的任务、因而拥有相应决定权的主体作出。规章这种形式也给市镇提供了一种法律之下的行为形式，基于这种行为形式，市镇可以作出抽象性、一般性的规定，同时政策决策者——市镇议会的成员——也可以参与其中。

---

[1] Vgl. Gesetzentwurf der Bundesregierung, BR – Drs. 253/12 vom 4. 5. 2012 = BT – Drs. 17/10060 vom 21. 6. 2012.

[2] Vgl. Deutscher Bundestag, Beschlussempfehlung und Bericht（9. Ausschuss）, BT-Drs. 17/11386 vom7. 11. 2012, S. 21.

[3] Vgl. H. H. Rupp, Formenfreiheit der Verwaltung und Rechtsschutz, in: Bachof/Heigl/Redeker（Hrsg.）, Verwaltungsrechtzwischen Freiheit, Teilhabe und Bindung, 1978, 539（540 f.）.

[4] § 10 Abs. 1 BauGB.

规章仅能在法律的框架之下做出。如果它在对于一项措施的司法判断中成为需要判断的对象或者据以判断的准据，应该附带判断它们的合法律性，在可能的情况下可以宣布其无效。议会法律在此方面却与它们不同。此方面只有联邦宪法法院在议会的干预权之外享有判定规范无效的权力。此种合法律性的要求也有例外，《巴登-符腾堡州市镇法》的第4条第4款便可作为这一方面的例子：

《巴登-符腾堡州市镇法》
第四条 规 章
第一款 市镇可以通过规章调整非指令性事务，只要法律没有作出规定。涉及指令性任务，市镇只有在法律规定的情况才能制定相应的规章。

第二款 如果基于本法应该制定一个主要规章，它必须获得多数市镇议会成员的同意方可通过。

第三款 规章必须公开颁布。如果没有规定其他日期，规章自颁布之日生效。规章应报送监管部门备案。

第四款 违反本法中的程序或形式规定成立的或者基于本法的规定成立的规章在颁布一年之后视为自始有效成立，下列情形除外：

1. 违反本法关于会议的公开性的规定和违反了本法关于规章的批准和颁布的规定的；

2. 市长依据本法第四十三条对于决定通过的规章的合法性提出异议的，或者监管部门在第一句规定期限终止之前对规章的决议提出反对的，或者以书面的方式针对市镇提出了违反程序和形式规定的主张并提出证明这一主张的事实的。

如果根据第二句提出过违反规定的主张，任何人均有权在第一句所规定的期间终结之后提出违反规定的主张。在颁布规章之时应予指明提出违反程序和形式规定的主张的前提和法律后果。

第五款 针对地方法和土地适用规划法可以参酌使用第四款。

鉴于规范创制的不同形式，对于处理规范的错误的问题存在不同程度的容忍度。基于法律的规定，在涉及规章的情形（值得一提的例子还有《建筑法典》的第 214 条、第 215 条）中，错误并不必然导致立即无效，而基于"艾尔佛斯规则"[1] 在涉及法规尤其是涉及议会法律的错误情形中则要依据更为严格的尺度进行审查。就所有正当的对稳定的（当然也是合法的）规制的期待而言，关于第一种情形的规定没有满足实质法治国家的要求。

(四) 小结

上述三种形式的例子表明，上述三种规范创制或者法创制的典型形态均被不同程度打破。但立法并不能因此就基本上不受这些形式的约束以及不分清不同形式的界限。毕竟这些形式相对而言是最佳的规定和设定国家行为的形式的依据。法治国家正是基于这些形式才和不确定任何形式、不经任何确定的程式就得出特定结果的恣意国家有所区别。相反，国家通过什么形式在什么层面能够取得丰硕成果，尤其是说，国家通过法律能够达成什么，不是立法权限的问题，而是一个认清待创制的规范的生效方式和生效前提以及认清待创制规范所要规制的现实的纷繁面貌的能力的问题。在这个问题上，法律效果评估表现为一个有着坚实的学理基础的工具，当然，它并不能确保最终的成果。

---

[1] Nach BVerfGE 6, 32-Elfes (1957).

三、作为复杂的工具的法律效果评估

法律效果评估服务于负责任地行使立法权限,下文对其性质、形式及制度化进行阐述。

(一) 法律效果评估的性质

法律效果评估是用以检验一个被制定的规则的效果和有效性的工具,[1]其目的在于对法律草案或已经生效的法律的有效性进行专业、有计划和有条理的检验。它在这一框架之中研究、探明和评价一个规制行为的必要性、有效性和后果[2]。法律效果评估应该能够有助于法律的合理化,并且给出制定和修改一项法律上的规制的支持或反对的理由。法律效果评估应该能够有助于规制行为的合理化和理性化。法律效果评估是有限度的:如果人们认为,作出对群体有约束力的决定是立法者的任务,那么法律效果评估只是对有效性进行科学地研究的尝试,这一尝试只能影响而非取代规制行为的政治上的合理性。法律效果评估不应有损立法权限和立法责任。法律效果评估并非目的之本身,但既不能因其有所耗费就轻视其功能,也不能因其有一定成效就高估其功能。如果人们不想让政治决断沦为技术专家治国,拥有决定权限的主体就不应受制于法律效果评估的结论。法律效果评估不得触及作出最终决断的权限,行使立法权力的权利和义务[3]也不得因法律效果评估及其结论而受到质疑。有权决定立法的人员的理性优位于官僚主义、技术官僚主义和学术倒逼的理性,同样也优位于"别无选择"的论断。

---

[1] 深入的研究参见:C. Böhret/G. Konzendorf, Handbuch Gesetzesfolgenabschätzung. Gesetze, Verordnungen, Verwaltungsvorschriften, Baden-Baden 2001.

[2] Vgl. W. Kahl, Gesetzesfolgenabschätzung und Nachhaltigkeit, in: Handbuch, 2014, § 13 Rn. 6.

[3] 参见1982年12月4日《宪法》第58条。

（二）法律效果评估的形式

前面提到的规范的例子均系法律草案，应该从效果上对这些立法意图予以检验，可用于此的有预测式和伴随式法律效果评估。前者被用于在起草法律草案之前提出和检验各种可能的规制手段。伴随式法律效果评估被用来检验法律草案。回溯式、嗣后性法律效果评估则以已经生效的规范为对象，人们用其观察已经制定的规范是否经得起考验。这几种形式在构想、贯彻和评价诸环节的划分中得到统一。

图表：法律效果评估的模式及其特征

特征＼模式	时间点	核心议题	可期待的结论
预测式	产生以法律的形式进行规制的意图和对规制的必要性进行粗略考察之时	什么样的规制手段能够最有效地达成目的？对于谁在什么时间会产生什么样的效果？	选择出最佳的规则手段或者不予规制
伴随式	草案阶段以及测试和检查草案或特定的部分时	计划中的规制对于规范的相对人而言是否合适？对于规制的领域是否合宜？添负作用和减负作用能否得到优化？	验证、补充和优化草案或者草案的部分
回溯式	在规范生效之后且积累了一定的适用经验之时	规制的目的能够实现吗？是否有必要进行修正？	被验证的程度（例如目的的达成程度，被接受的程度）；修正的必要性

来源：Bundesregierung（Hrsg.），ModernerStaat-ModerneVerwaltung. LeitfadenzurGesetzesfolgenabschätzung, Berlin 2000, S. 10.

1. 预测式法律效果评估

对于那些对一项新的法律规制持批评态度的人而言，预测式法律效果评估是用以探查法律规制的必要性的工具，尤其可以用来发展出优于实在法规制的其他手段。在多种规制的手段之中，人们应该采纳（预计中）对于立法程序而言最优的手段。在此，人们将对多种规制手段进行质量和数量上的比较，或者在规制与不规制之间做出抉择。这牵扯到立法上的典型现象，例如规范的实际效力（die faktische Kraft des Normativen）。将某种社会结构作为规范规制的对象，可能会导致此种社会结构的退化，因为其他的社会规范可能因法律的规制而失去作用。然而，诸多社会领域均已为法律所规制，不受法律规制的领域已经很罕见（例如基因技术和胚胎研究已不再是法律之外的净土），因而这里不以预测式法律效果评估为重点。

2. 伴随式法律效果评估

尤其是对于立法法——它暗示着，法律是进行选择的一种行为方式——而言，伴随式法律效果评估更值得关注。之所以值得关注，是因为它的作用更容易与参与立法的机关的目标取向发生冲突。在此种情形之中，这种工具的说服力和反省地使用此种工具的意愿均受到考验。这里能够显现出既未被忽视、也未被高估、因而也未损害立法上的责任的法律效果评估是否是一种便利和有效的工具。

对规制的各种可能的手段的研究（在预测式法律效果评估的框架中）务求视野开阔，而伴随式的法律效果评估务求深入。伴随式法律效果评估所要考虑的是，计划中的具体的规制行为能否被遵循？以及/或者能否被施行？得失利害如何？恰恰因为此种评估已经以具体的草案为工作对象，它显得更为犀利和精确，例如在成本和可适用性方面。这里所采用的用具是演习、实践上的测试、与既存的规制的比较、成本分析、预计（例如额外多出的人员开销），同时还有审慎的规范文本的分析。

3. 回溯式法律效果评估

在这个人们呼喊着"叫停法条"（"Paragraphenstopp"）的时代，在这个人们抱怨"条文丛林"（"Paragraphendschungel"）的时代，在这个人们必须与"规范浪潮"（"Normenflut"）搏斗的时代，回溯式法律效果评估日益彰显其意义。它所要考虑的问题为，既存的规制是否经得住了考验？期冀的目的是否得以实现？还有什么额外的后果？立足于对作用与副作用、增负效果与减负效果以及可操作性的认识，人们就能看出，一个规制是否应该保持原样，是否应被修正，以及是否应被废除。从经验层面上看，这一工作的难度最大，因为人们需要采集关于规范的适用的发展情况的数据。就此而言，回溯式法律效果评估与预测式和伴随式法律效果评估的操作方式是不同的，人们在后两种评估方式的框架之中可以提出大量无法在经验层面得以证实的假设。

（三）法律效果评估的嵌入

法律效果评估的有效性取决于其制度化。"只有被制度化了的，才是真实存在的！"[1]法律效果评估的制度化在各个立法意图和既存的规范之间建立关联。人们可以考虑的嵌入方式有程序上的嵌入和机构式的嵌入。后一种方式中的机构专门负责法律效果评估。

1. 法律效果评估的程序性嵌入

法律效果评估的法律依据不在《基本法》之中。《基本法》

---

[1] So Carl Böhret, Wenn wir nur wüssten, wie Gesetze wirken ...! Anmerkungen zur ex-ante-Prüfung von Rechtsvorschriften, in: Letzgus u. a. (Hrsg.), Für Recht und Staat. Festschrift für Herbert Helmrich zum 60. Geburtstag, München 1994, S. 487 (496).

既不要求这样的举措,也不要求将法律草案的论证[1]作为一种程序上的工具。然而,由于基本权利的约束力和比例原则,人们必须考虑到一项规制的直接和间接后果。联邦宪法法院屡次将结果正确性纳入法律的审查之中,牵涉到的法律领域多种多样,例如《税法》[2]《非烟民保护法》[3]和《福利法》中的基础保障[4]。这个审查标准的发展——在比例原则之外——及其在具有民主正当性的议会立法者身上的适用,为联邦宪法法院招致了批评。[5]然而这个发展历程表明,法律规定在一贯性方面确实令人不满。

从法治国原则和民主原则中可以推导出论证义务:联邦议院的论辩是公开的(《基本法》第42条第1款第1句);法律草案应在联邦议院提出(《基本法》第76条第1款);论证不是一个法律规定的构成部分[6]。论证义务在各种议事规则中才被规定:产生于联邦议院的法律草案(《基本法》第76条第1款项目2)的论证义务由《联邦议院议事规则》规定(《联邦议院

---

[1] W. Kluth, Die Begründung von Gesetzen, in: W. Kluth/G. Krings (Hrsg.), Gesetzgebung. Rechtsetzung durchParlamente und Verwaltung sowie ihre gerichtliche Kontrolle, Heidelberg 2014, § 14.

[2] BVerfGE 122, 210 (230 ff.) - Pendlerpauschale (2008), mit weiteren Nennungen.

[3] BVerfGE 121, 317 (362 f., 374 f.) - Rauchverbot (2008);联邦宪法法院法官 B.-O. 布林德在其《反对意见书》对此种审查标准持批判态度, BVerfGE 121, 317 (378/380 f.):"联邦宪法不得要求民主立法者满足其无法实现的结果正确性和体系的纯洁性"。

[4] BVerfGE 125, 175 (225) - Hartz IV (2010).

[5] Vgl. auch M. Payandeh, Das Gebot der Folgerichtigkeit: Rationalitätsgewinn oder Irrweg der Grundrechtsdogmatik?, AöR 136 (2011), 578; S. Bulla, Das Verfassungsprinzip der Folgerichtigkeit und seine Auswirkungen auf die Grundrechtsdogmatik, ZJS 2008, 585; L. Michael, Folgerichtigkeit als Wettbewerbsgleichheit, JZ 2008, 875.

[6] 与此不同的是,权衡的依据在欧盟指令中是规范文本的构成部分。

议事规则》第 76 条第 2 款）；联邦政府的法律草案（《基本法》第 76 条第 1 款项目 1）的论证义务由《联邦部委通用议事规则》规定（《联邦部委通用议事规则》第 42 条第 1 款第 1 句、第 43 条第 1 款）。《联邦部委通用议事规则》第 43 条第 1 款项目五有关于法律效果的规定。法律效果的阐述以《联邦部委通用议事规则》第 44 条为准。[1]

上述规定构成了通过法律效果评估优化立法的规范性基础。为此，联邦内政部专门制定了一个操作指南。[2]《筹备制定法律和行政条款手册》也引用这一操作指南上的内容。[3]

然而，上述判例法以及操作指南只能反映法律效果评估的冰山一角。法律效果评估实际上是在坚实的科学的基础上发展出来的、复杂的用以研究被创设的规范的实际作用以及提高立法合理性的工具。

2. 法律效果评估的机构式嵌入

法律效果评估也可以通过设立的专职机构进行，此种机构就必须参与到立法程序之中。某些德国联邦州的议会中设立了立法咨询处（下萨克森[4]、萨克森-安哈尔特），它由州政府派出，法律效果评估因而可以归为州政府的职责。在联邦层面

---

[1] 《联邦部委通用工作章程》第 43、44 条将在附录中列出。

[2] Bundesministerium des Innern (Hrsg.), Arbeitshilfe zur Gesetzesfolgenabschätzung, Berlin 2009; Vorläufer: Bundesregierung (Hrsg.), Moderner Staat-Moderne Verwaltung. Leitfaden zur Gesetzesfolgenabschätzung, Berlin 2000.

[3] Bundesministerium des Innern (Hrsg.), Handbuch zur Vorbereitung von Rechts- und Verwaltungsvorschriften, 2. Auflage, Köln 2012, S. 62 f.

[4] Vgl. P. Blum, Wege zu besserer Gesetzgebung-sachverständige Beratung, Begründung, Folgeabschätzung und Wirkungskontrolle, in: Ständige Deputation des Deutschen Juristentages (Hrsg.), Verhandlungen des 65. Deutschen Juristentages. Bonn 2004, Band I, insbesondere S. 1 101 ff.

有国家规范审查委员会，[1]该机构对法律草案的审查主要围绕着规制导致的开销，因而是经济方面的审查。然而，该机构的审查并不局限于此：一方面《设立国家规范审查委员会法》第1条第3款中的"尤其"的表述表明其任务不仅仅局限于此；此外，《设立国家规范审查委员会法》第4条第3款也扩展了审查的范围。该机构的审查权限反过来又为《设立国家规范审查委员会法》第1条第4款所限制。[2]

3. 小结

所有法律效果评估的形式都是复杂和耗费大的。法律效果

---

[1] Dazu H. Hofmann/P. Birkenmaier, Die Aufgaben des Normenkontrollrats im Gesetzgebungsverfahren, in: W. Khith/G. Krings (Hrsg.), Gesetzgebung. Rechtsetzung durch Parlamente und Verwaltung sowie ihre gerichtliche Kontrolle, 2014, § 12.

[2]《设立国家规范审查委员会法》

第一条 国家规范审查委员会的设立

第一款 决定在联邦总理署中设立国家规范审查委员会，其驻地为柏林。该机构独立行使职权，仅受本法规定的任务的约束。

第二款 国家规范审查委员会有义务在以消除官僚主义为目的的措施和优化立法方面辅助联邦政府。

第三款 尤其是在新的规制给公民、经济和公共行政造成的执法成本方面，国家规范审查委员会要审查相关阐述的合理性和方法的正确性，以及审查关于对经济造成的其他成本的阐述，尤其是对于中型企业造成的其他成本。

第四款 规制行为所追求的目标和目的不在国家规范委员会的审查范围之内。

……

第四条 国家规范审查委员会的任务

……

第二款 在第一条第三款规定的任务之外，国家规范审查委员会也可以对下属方面的实施方法的正确性和阐述的合理性进行审查：

1. 关于目标的阐述的合理性和规制行为的必要性；
2. 关于其他解决手段的考量；
3. 关于生效的时间点、设定期限和评估的考量；
4. 关于法律简化和行政简化的说明；
5. 在转化欧盟指令或者其他法律决议的情形中，在何种程度上需要它们的规定的范围之外进行其他的规制。

评估不是顺带的、短期的、可以普遍投入使用的工具。这使它有别于用以确保达成预想和保证合乎形式的其他措施。遵循下述规则或者手册中的规定便是其他措施中的一例:《联邦部委通用议事规则》、由联邦内政部出版的《筹备制定法律和行政条款手册》[1]和由联邦司法部出版的《法律形式手册》[2]。上述手册是由《联邦部委通用议事规则》的第42条第3款、第4款引入的。

(四)《立法法》在此方面承担的规制任务

为了在立法程序中能够顾及制定法律的效果,可以再制定一个明确要求顾及法律的效果以及回溯式法律效果的规定,并且/或者规定设定法律生效的期间。

法律效果上的考量

在法律案中,应对如下方面进行说明:

1. 制定规定的必要性;

2. 如果不予规定,会导致何种后果;

3. 按照制定规定时的认识水平,制定中的规定可能会导致何种有意识引起以及无意识引起的后果;

法律案应该标明,在待制定法律生效两年之后、五年之前应检验其实施的效果。也可事先规定待制定法律的生效期间。

当然,这样的规定也可以和法律草案的论证义务结合起来,正如2000年《立法法》所规定的一样。人们也应该审慎对待这个规定中的逐项环节适用的广泛性。然而,为改善立法的品质而投入时间和资源还是比拍脑袋式的、甚至草率和象征性的立

---

[1] 2012年第2版。

[2] 2008年第3版,可在网络获取,访问地址为:www.hdr.bmj.bund.de。

法实践更有可取之处。

四、结论

立法权限的前提为，必须在立法技术方面，同时也在评估可能的效果方面具有制定规范的能力。法律效果评估只是一种工具。它既不能流于形式，也不能被无度使用：法律效果评估只是达成负责任地行使立法权力和立法职权这一目的的手段。进行不同形式或程度的法律效果评估的要求在学术上是有坚实的基础的，简化的法律效果评估最好在政策制定、选举和投票中使人感受不到它的存在。在简化地研究法律效果方面值得一提的是由联邦政府于1984年提出的"蓝色问题"[1]。这一名称的由来是因为这些问题被印在了蓝色的纸张上——这亦是一种将法律后果评估制度化的形式。这些问题为立法上的反思奠定了一个有富有成效的开端[2]：

这一隐含的、并非因理所当然而在潜意识中进行的最低限度的反思（它肯定是效仿海因里希·冯·克莱斯特的《论在演讲中逐步使思维精致化》的产物[3]），必须在立法中受到采纳。各种形式的法律效果评估均须在其可适用性方面受到全局性的审慎判断。因为，不能因为评估个别法律的效果耗时耗费太大就不去思考、探明和处理其他法律的效果。

---

[1] 载于由联邦内政部出版的《筹备制定法律和行政条款手册》，1992年版，第11页。

[2] "1. 必须有所作为吗？2. 有什么样的可选手段？3. 必有由联邦出面作为吗？4. 必须制定法律吗？5. 必须现在就有所作为吗？6. 此种规制的范围有必要吗？7. 能否限制生效的期限？8. 这个规制贴近公民、易于理解吗？9. 这个规制具有可操作性吗？10. 利害得失是否合乎合理的比例关系？"

[3] http://gutenberg.spiegel.de/buch/589/1.

附 录

《联邦部委通用议事规则》第四十三条 论证

第一款 下列事项应在论证中予以阐述：

1. 法律草案的目的、必要性及其各项条款；

2. 法律草案以何种事实为基础以及以何种认识为基础；

3. 是否存在其他解决手段，是否存在由私人完成任务的可能性，以及为何不能由私人完成任务（附录5）；

4. 是否设立或者扩展了申报义务、其他行政义务或者附带国家监管和批准程序的批准保留，它们为何不能为规范的相对人的自我负担义务所取代；

5. 法律的效果；

6. 效力形式的确定基于何种理由，例如关于施行在组织上、技术上和财政上理由，法律能否被设定期限；

7. 法律草案是否规定了法律和行政的简化，尤其是现行的规范是否被简化或者被取消了其存在的必要；

8. 与欧盟法的关系以及兼容性；

9. 在转化欧盟指令或者其他法律决议的情形中，在何种程度上需要它们在规定的范围之外进行其他的规制；

10. 法律草案是否与德国缔结的条约兼容；

11. 对现行法造成的改变；

12. ……

第二款 在竞合立法的领域中……

第三款 如果草案中含有关于州行政程序的规定且不可变通……

第四款 法律的需要接受性原则上不应在关于法律的论证中阐述。此种阐述仅应在涉及《基本法》第八十七条第三款第二句和关于涉条约法律的论证的情形中作出。

《联邦部委通用议事规则》第四十四条 法律效果

第一款 法律效果为法律所产生的主要作用。它包含预期作用和意料之外的副作用。关于预计中的法律效果的阐述必须会同相关的联邦部委作出，在财政上的效果方面必须指出计算或者意见基于何种依据。必须说明立法的意图是否符合长远的发展趋势，尤其必须说明立法意图具有何种长期作用。联邦内政部可以在法律的效果的探查方面做出建议。

第二款 ……

国际法与德国法的关系以及对《立法法》修改的建议

伯 阳[1] 著 陈大创[2] 译

中国宪法没有对国际法与中国法的关系作出明确规定。它只是在第81条和第89条第（九）项对缔结条约的职权进行了规定，以及在第67条第（十四）项对国内批准程序进行了规定。[3]

德国宪法（即德国《基本法》，Grundgesetz，为方便比较，下文中一律使用"德国宪法"的称谓）在第32条和第59条第1款对缔结条约的职权进行了规定。而对国内批准程序，则在第59条第2款作了详细规定。除此之外，德国宪法在第25条对国际习惯法和普遍承认的国际法法律原则在德国法中的融合问题（Integration）进行了一般性的规定。

---

[1] 法学博士（海德堡大学），德国科隆大学东亚系中国法律文化教席教授。Pilar Czoske 和陈大创协助进行文献搜集，特此感谢。

[2] 德国科隆大学法学院博士研究生，科隆大学东亚系科研助理。

[3] 《中华人民共和国宪法》第81条规定："中华人民共和国主席……批准和废除同外国缔结的条约和重要协定。"第89条第（九）项规定："国务院行使下列职权：……（九）管理对外事务，同外国缔结条约和协定"。第67条第（十四）项规定："全国人民代表大会常务委员会行使下列职权：……（十四）决定同外国缔结的条约和重要协定的批准和废除。"

在德国，存在通过联邦宪法法院的判决形成的宪法实践，这些宪法实践为如何在德国国内适用国际法提供了比较清晰的说明，这是德国宪法与中国宪法的重大差别。尽管在中国的法律中，也有很多条文援引国际条约法（Völkervertragsrecht），或者在中国法与国际条约法存在规范冲突时赋予国际法优先适用的地位，但是，针对这些援引规范（Verweisungsnorm），只有零星的、不统一的判例。

下面，我将对德国宪法的相关规定进行介绍，这些条文规定了应当如何在德国国内适用国际法。然后，我将会从德国的角度，对中国的实践进行简短总结，看看其到底是怎样的。最后，我会在总结德国经验和中国实践的基础上，对在即将修改的《立法法》中应当如何规定国际法与中国法的关系的问题，提出具体的建议。

一、德国法中的国际习惯法和国际法一般法律原则

德国宪法第 25 条规定："国际法的一般规则是联邦法的组成部分。它的效力优于法律，直接对联邦领土范围的居民创设权利和义务。"

国际习惯法属于上述"国际法的一般规则"。形成国际习惯法的前提，是充分的国家实践和法律确信（opinio iuris），亦即，有足够代表数量的国家参与的持续、统一的实践，并且国家在行为时坚信其是在国际法要求、允许或者必要的范围内行动。[1]国际习惯法不包括地区性或者双边性国际习惯法意义上的区域性国际法（partikulares Völkerrecht）。普遍承认的国际法法律原则也属于德国宪法第 25 条规定的内容，这些法律原则在各国的国

---

[1]《联邦宪法法院判例集》，第 96 卷，第 87 页；第 109 卷，第 27 页以下。

内法中都有共同一致的规定，并可以被移植到国际法中。[1]德国宪法第59条第2款对国际条约法的引入（Einbeziehung）进行了特别规定，其作为特别法优先于第25条。

对于第25条，既可以按一元论进行理解，也可以按照二元论进行理解，一元论认为国际法和国内法构成一个整体的法律体系，二元论则认为国内法和国际法构成两个独立的法律体系。联邦宪法法院认为，"根据第25条第1句，国际法上的一般规则在其国际法效力范围内，是在德意志联邦共和国领土范围内有效的法律的组成部分"[2]。由此可以得出结论，国际法并非被转化（transformiert），而是作为国际法在国内产生效力。而联邦宪法法院的观点，无论是从采纳论（Adoptionslehre）[3]还是从执行论（Vollzugslehre）[4]的角度都解释得通。

将国际法引入国内法的实施机制一般可分为三种：转化（Transformation）、采纳（Adoption）或者并入（Inkorporation），以及执行论所指的引入（Einbeziehung）。在以二元论为基础的转化式机制中，国内立法者颁布包含国际法规范的内容的国内法，从而创造出与国际法规范内容相同的国内规范。[5]而在以一元论思想为基础的采纳式机制中，国际法的效力根据某条一般性国内法律规范的规定，延伸到国内，而无须将国际法转化为国内法。[6]执行论位于转化和采纳之间，因为尽管此时国际法在国内也有效力，但是这并非依据某条一般性规定，而是通

---

[1]　比较《国际法院规约》第38条第1款第C项。
[2]　《联邦宪法法院判例集》，第46卷，第342页。
[3]　Geiger, Grundsatz und Völkerrecht, 6. Auflage, 2013, S. 157.
[4]　比较 Mangoldt/Klein/Starck/Koenig, Art. 25, Rn. 43.
[5]　Geiger, S. 157.
[6]　Geiger, S. 157.

过一项针对特定国际法规定的执行命令。[1]

德国宪法第 25 条对国际法一般规则的效力的规定，并不限于那些可以直接适用的或者可以对个人创设权利和义务的规则。只针对国家的国际法一般规则，也构成联邦法的一部分，其作为联邦法对所有立法和执法机构都有约束力。[2]在国内的规范位阶体系中，国际法一般规则的效力位于宪法和议会制定的联邦法律之间。

德国宪法第 100 条第 2 款为第 25 条的规定提供了程序上的保障。按照该款规定，在诉讼中，若对某条对诉讼的判决结果有决定性作用的国际法规则是否属于联邦法的组成部分或者其是否直接为个人创设了权利和义务有疑义时，法院必须提请联邦宪法法院进行判定。提请判定的内容包括国际法一般规则是否存在、其法律属性、效力范围和约束力。联邦宪法法院对这一规范核准程序（Normverifikationsverfahren）的管辖，保证了国际习惯法在德国的统一适用。

二、国际条约的缔结

德国宪法第 32 条对联邦与各州在涉外关系中的职权作了规定。由于德国实行联邦制，所以联邦各州在其拥有立法权限的领域，享有部分的条约缔结权，这主要是指文化政策领域。此处不进一步讨论联邦州缔结条约程序的特别之处，因为其特别复杂，而且对于中国法来说意义不大。尽管中国的特别行政区香港和澳门也享有一定的条约缔结权，但其已经在特别行政区基本法中作了穷尽式列举，因此不需要在《立法法》中进行规定。

---

[1] Geiger, S. 157.
[2] 《联邦宪法法院判例集》，第 46 卷，第 342 页。

根据德国宪法第 59 条第 1 款的规定，联邦总统在国际法上代表联邦，并以联邦的名义与外国缔结条约。因此，只有联邦总统才有权在对外关系中代表联邦共和国进行有法律效力的活动。但是，由于在国际交往中要做出的国际法上的意思表示数量众多，在实践中就不得不由联邦政府或者相关的联邦部长代表联邦总统行使他的代表权。[1]

如果某一条约需要得到议会的批准，那么联邦总统只有在联邦议会已经通过正式法律批准该条约之后，才能批准该条约。

三、国内批准程序

德国宪法第 59 条第 2 款第 1 句规定："调整联邦政治关系或者涉及联邦立法事项的条约，应以联邦法律的形式，取得有关主管联邦立法的机构的同意或者参与。"

这一规定使得议会得以对条约缔结进行控制，尤其是在维持议会的立法垄断权方面。[2]缔结调整政治关系的条约，必须要有议会的参与。这里所指的是那些直接涉及一个国家的存续或者其在国际上的重要性的国际条约[3]，尤其是和平条约，结盟、中立、武器裁减以及政治合作条约[4]。涉及联邦立法事项的国际条约，也须经过批准程序批准。这样的条约是指那些只有通过正式法律才能在国内实施其规定内容的条约。这一点适用于所有法律保留范围内的事项，尤其是那些涉及对个人的基本权利的侵害的事项。

---

[1] Kunig in: Graf Vitzthum (Hrsg.), Völkerrecht, 5. Auflage, 2010, S. 107.

[2] Kunig in: Graf Vitzthum (Hrsg.), Völkerrecht, 5. Auflage, 2010, S. 107, 第 117 页。

[3]《联邦宪法法院判例集》，第 1 卷，第 382 页。

[4] Jarass/Pieroth, Grundgesetz für die Bundesrepublik Deutschland, Kommentar. 12. Auflage, 2012, Art. 59, Rn. 12.

四、国际条约法在德国法中的接纳（Übernahme）

与国际习惯法不同，对于国际条约，德国宪法中没有包含任何规定应当如何在国内法中接纳国际条约法的一般性适用命令（genereller Anwendungsbefehl）。

《条约实施法》（Vertragsgesetz，指为了在国内实施国际条约，而由议会针对该条约专门制定的法律）不但具有授权条约缔结机构缔结条约的功能，它还使得国际条约自其在国际法上生效之时起也同时在国内产生效力。《条约实施法》会在联邦法律公报公布，但条约不作为《条约实施法》的正式组成部分刊登，条约的文本只作为《条约实施法》的附件公布。

在德国的司法实践中，并未明确国际条约法在德国法中的引入（Einbeziehung）到底是属于转化（Transformation）还是执行（Vollzugslehre）。学者们可能更加倾向于执行论，因为执行论具有这样的好处，即通过《条约实施法》的法律适用命令在国内适用国际条约法时，并不会隔断国内法与国家之间的国际条约在内容上的联系。相反，如果人们将《条约实施法》理解为转化行为，则等于在国内法中复制了条约的内容，它跟它的国际法上的法律渊源就断绝了联系。转化导致国际条约的生效和终止不会自动地在国内也产生效力，而根据执行论，这一变动将会自动地对国内的法律适用机关产生约束力，因为其适用的是国际条约本身。[1]

应当认为，国际条约是被整体转化到德国法中的，或者说针对国际条约的法律适用命令指向的是国际条约整体。也就是说，并非那些可以直接适用的条约规定才在国内有法律效力。

---

[1] Geiger pp. 164~165.

某一条约条文是否可以直接适用，需要通过对该条文进行解释才可以断定。在解释时，特别是要注意，该条约条文依其自身的立法意旨和目的（Sinn und Zweck），是否需要借助另外制定的国际法或者国内法上的法律，才能在国内实施。政府在缔结条约时，可以通过国际法层面上的保留，排除条约的直接适用性，而这在国内也是有约束力的。但是，也有可能是国内法不允许直接适用国际条约法，例如，国内法规定，条约的实施需要另外制定法律。此外，条约是否为个人创设权利和义务的问题，也需要通过解释来回答。[1]

国际条约法在德国国内规范体系中的位阶，可从德国宪法第59条第2款的字义中推出，依照该款规定，被转化或者执行的条约与针对它的《条约实施法》一样，取得联邦法律的地位。条约与联邦法律具有相同位阶，会导致后来新制定的法律优先于国际条约规定的后果。但由于宪法要求应当以有利于国际法的方式进行法律解释（völkerrechtsfreundliche Auslegung），所以对国内法只能解释为其保留了国际条约法相关规定的效力。

行政协定（Verwaltungsabkommen）不需要通过议会立法进行批准，其内容不像第59条第2款第1句所规定的国际条约一样，必须通过一部由议会制定的法律才能引进到国内法中。行政协定仅仅通过行政法令（Rechtsverordnung）或行政行为（Verwaltungsakt）就可以在国内实施。

五、德国视角下的中国对国际条约的适用实践

从中国的实践中可以看出，国际条约要想在中国国内获得效力，第一个条件是条约要得到批准并且条约文本要被公布在

---

[1] Geiger, pp. 166~167.

全国人大常委会的官方公报上。国际条约的文本，一般会连同全国人大常委会依《宪法》第67条第（十四）项的规定作出的批准缔结条约的决定一起公布。所以，可以认为，批准在中国法上就跟在德国法上一样，具有双重功能，即一方面是授权缔结条约，另一方面是在将国际条约接纳到国内。

如果我们忽略其他要件，只对批准和公布单独进行观察，那么从德国的角度，既可以按转化论也可以按执行论来解释批准和公布。依照转化论，批准和公布将国际条约的内容转化为国内法，法律适用机构将会把条约内容作为中国的国内法律适用。与之相反，按照执行论，批准和公布只是一项适用命令，这一适用命令授权法律适用机构执行条约规范，但不把条约规范增添到国内法律体系中。按照执行论，条约依然是国际法，要按照国际法的基本原则进行解释。

然而，条约规范在中国的适用实践却显示，光有批准决定和条约文本的公布，法律适用机构还不能直接适用国际条约。要想使得国际条约能被法院和行政机关适用，至少还需要另外一个要件，即必须还要有法定的援引规范或者最高人民法院的司法解释。这就排除了按转化论或者执行论来进行解释的可能，因为即使条约文本已经在公报中公布，也不能像国内法律一样被加以适用，公布条约文本也没有体现出直接适用国际条约法的命令。

因此，对条约文本的公布按照采纳论（Adoption）来进行解释，认为其使得国际条约被融合到国内法秩序中，更加令人信服。但是，这一赋予国际条约国内效力的效果，并未说明行政机关或者法院就可以适用该条约。因此，要想使得行政机关和法院能够适用条约，还需要一项法定的援引规范或者一项明确指向该国际条约的具体的适用命令，这项适用命令可以是一般性的，也可以针对特定事项。

援引规范是指那些要求在满足一定条件的情况下，对某一国内事项适用国际条约法的法律规定。在中国法中，这些援引规范具有以下功能：它使得法律适用机关得以适用援引规范所指向的并已在全国人大常委会公报上公布的国际条约。这意味着，行政机关和法院对那些已在公报上公布，但没有援引规范明确对其加以援引的国际条约，不能直接适用。最高人民法院的司法解释，可以取代援引规范，或者将其具体化。

除了借助援引规范适用国际条约法外，在实践中也存在通过颁布新的法律或者修订、废止现有法律，以使得国内法与中国承担的国际法义务相适应的做法。[1]

六、建议在《立法法》中对国际法与中国法的关系进行规定

1994年12月17日的《立法法》第三次草案的第43条通过以下条文对国际条约在国内的适用问题进行了规定："中国缔结或者加入的国际条约中的规定，与法律、法规或者行政规章的规定不一致的，适用国际条约的规定，中国对此表示保留的除外。"

但该条文没有被2000年的《立法法》采纳。可以推测，这样一条赋予国际条约优先地位的一般性规定，当时为被认为是过分限制了中国在履行国际条约规定的义务时的自由。

下面，笔者将提出一些具体的立法建议，这些建议以德国在国内适用国际法的经验为基础，力求既反映中国迄今为止的实践状况，也顾及灵活性的需要。

---

[1] 对此的详细介绍，比较 Ahl, Die Anwendung völkerrechtlicher Verträge in China, 2009.

第一条（国际条约的效力）

经全国人民代表大会常务委员会批准缔结，并在全国人民代表大会常务委员会公报上公布的国际条约，在我国有法律效力。

第二条（国际条约在国内生效的时间）

国际条约从公布于全国人民代表大会常务委员会公报之时起在国内有法律效力。条约在国际法上的生效时间晚于公布时间的，以条约在国际法上的生效时间为准。

第三条（国际条约的位阶）

全国人民代表大会常务委员会批准缔结的国际条约，在中华人民共和国境内具有等同于法律的效力。

国务院缔结的协议，具有等同于国务院制定的行政法规的效力。

国务院的部门缔结的协议，具有等同于国务院各部门制定的部门规章的效力。

第四条（国际条约的直接适用）

只有法律明确援引国际条约或者最高人民法院在司法解释中要求适用国际条约时，国家机关才能直接适用已经在国内生效的国际条约的规定。

尚没有法律明确援引国际条约的，由全国人民代表大会或者其常务委员会参考国际条约的内容制定法律，或者修改、废止相关法律。

第五条（符合国际法的法律解释）

对法律、行政法规、地方性法规或者国务院部门和地方政府的部门规章需要进行解释的，对相关条文的解释应当与中华人民共和国承担的国际法义务相一致。

劳动教养是法定制度吗？
——兼论立法体制的宪法构建

林 彦[1]

引 言

2013年12月28日，全国人大常委会通过了关于废止有关劳动教养法律规定的决定。实施58年的劳动教养制度的废止无疑体现了我国人权保障水平的提高。然而，在我们为此改革举措欢呼的同时，也应当冷静地反思和追问，在现行《宪法》生效之前产生的劳动教养制度为何一直被视为有效的立法（尽管具体的立法位阶仍然存在争议）被长期适用？

如果我们能够证明该制度从一开始就于法无据的话，那么不仅行政机关应当反思其"执法"的教训，而且律师界和学者也应当反思在推动劳教制度改革、废止过程中是否走了本不应该走的弯路？同时，从未来制度建设的角度来看，如果还有不少类似劳动教养制度的于法无据的制度依然被作为"法定制度"

---

[1] 上海交通大学凯原法学院副教授、法学博士。衷心感谢匿名评审专家提出的各种中肯意见，使文章的论证更为严谨。

来实施，那么，我们对此是否应当继续遵行呢？此外，从制度构建的层面看，是否有必要在《立法法》修改过程中对此类规范的立法属性予以明确呢？

基于上述问题意识，本文以规范宪法学的解释方法论证劳动教养制度并非法定制度。在此基础上，本文建议，在《立法法》的修改过程中，全国人大常委会应当直面尚未被废除的、与劳动教养制度具有同质性的制度，并且对其立法属性予以直接否定。

一、劳动教养制度辩论各方的共识：法定制度

众所周知，劳动教养制度是由一系列规范构建起来的。1957年颁布的《关于劳动教养问题的决定》、1979年颁布的《关于劳动教养的补充规定》以及1982年颁布的《劳动教养试行办法》是三份最为重要的制度规范。同时，1986年通过的《治安管理处罚条例》、1990年通过的《关于禁毒的决定》以及1991年制定的《关于严禁卖淫嫖娼的决定》的个别条文也包含了适用劳动教养的规定。其中，前三份规范属于一般性的规范，后三部立法所包含的是特殊性的规范。因此，对劳动教养制度立法依据的探讨必须建立在对前三份规范立法属性的界定之上。

颇为出人意料的是，尽管民间与政府以及学者之间对劳动教养制度的存废以及其改革的方向等重要问题存在非常大的分歧，参与该制度讨论、辩论的各方之间却存在一个非常一致的共识，即劳动教养制度是立法的产物、具有坚实的法律基础。

（一）官方与民间的共识

一方面，全国人大、国务院以及执政党相关部门都对劳动教养制度的立法基础曾做出过明确的肯定。例如，1988年，在

回应一些全国人大代表提出的制定"劳动教养法"的议案时,"司法部答复,1957年8月、1979年11月,经全国人大常委会批准,颁布了《国务院关于劳动教养问题的决定》《国务院关于劳动教养的补充规定》;1982年1月,国务院批转了公安部制定的《劳动教养试行办法》。根据以上法律、法规,劳动教养了一批违法的人,对维护社会治安,预防和减少犯罪,保障社会主义现代化建设的顺利进行,起了积极作用"。[1]

1994年,在回应另一些全国人大代表提出的类似立法议案时,全国人大内务司法委员会认为,"劳动教养制度,是一项具有中国特色的法律制度"。[2]三年之后,该委员会再次强调,"劳动教养制度是具有中国特色法律制度的组成部分"。[3]

2012年底,中央司法体制改革领导小组办公室负责人姜伟在回应记者时也表示,"劳教制度是由中国立法机关批准的法律制度,有法律依据,为维护中国的社会秩序发挥了重要作用"。[4]

另一方面,长期以来呼吁改革劳动教养制度的人大代表以及其他社会人士也几乎未对该制度的立法基础产生过任何怀疑。相反,他们中大多数人也认可该制度是立法的产物,尽管它与

---

[1] 《关于第六届全国人民代表大会第五次会议主席团交付法律委员会审议的代表提出的议案审议结果的报告》(1988年1月21日第六届全国人民代表大会常务委员会第二十四次会议通过)。

[2] 《关于第八届全国人大第二次会议主席团交付内务司法委员会审议的代表提出的议案审议结果的报告》(1994年10月27日第八届全国人民代表大会常务委员会第十次会议通过)。

[3] 《关于第八届全国人大第五次会议主席团交付内务司法委员会审议的代表提出的议案审议结果的报告》(1997年12月29日第八届全国人民代表大会常务委员会第二十九次会议通过)。

[4] 程志良:"劳动教养制度改革不可避免时机已成熟",载新华网 http://news.sina.com.cn/c/2012-10-12/152725346359.shtml,最后访问时间:2013年1月14日。

《宪法》以及新的法律之间存在冲突。

2008年，来自江苏的王浩良等31名全国人大代表在有关劳动教养立法的议案中指出，"我国劳动教养立法严重滞后的问题已十分突出，劳动教养法律规范与相关法律之间不相适应的矛盾也日趋显现，建议……进一步明确劳动教养制度的法律地位，尽快制定劳动教养法"。[1]

在三份较有社会影响的有关废除劳动教养制度的提案和建议中，劳动教养制度受到的最大质疑仍然是其与上位法之间存在的冲突。例如，2003年由6位广东省政协委员提出的有关在该省废除劳动教养制度的提案最主要的质疑是该制度与1954年《宪法》、现行《宪法》《立法法》以及《行政处罚法》之间冲突。[2]2007年由江平、茅于轼、贺卫方、胡星斗在内的69名专家学者联名向全国人大常委会和国务院提交的两份公民建议书认为，"现行的劳动教养属于国务院转发的部门规章"，因此其超越了立法权限，从而违反了现行《宪法》第37条、《立法法》第8条以及《行政处罚法》第9条、第10条的规定。[3]

此外，出乎意料的是，这样的共识在法学界也广泛存在，尽管学者们对于创设劳动教养制度规范的位阶莫衷一是。陈瑞华教授认为，1957年制定的《关于劳动教养问题的决定》"是有关劳动教养的最早法律，至今仍具有法律效力"，同时其与

---

〔1〕《全国人民代表大会法律委员会关于第十一届全国人大第一次会议主席团交付审议的代表提出的议案审议结果的报告》（2008年12月27日第十一届全国人民代表大会常务委员会第六次会议通过）。

〔2〕 "关于在广东省率先废除劳动教养制度的提案"，载《南方周末》2003年9月4日。

〔3〕 "关于启动违宪审查程序、废除劳动教养制度的公民建议书""关于废除劳动教养制度的公民建议书"，载北大公法网 http://www.publiclaw.cn/article/Details.asp? NewsId=2145&ClassName=，最后访问时间：2012年12月20日。

1979 年的《关于劳动教养的补充规定》"两部法律都是用来规范劳动教养的基本法律规范"。[1]杨建顺教授也提出了类似的观点:"《关于劳动教养问题的决定》……和《关于劳动教养的补充规定》……都是经过全国人大常委会批准的,虽然在形式上不是正式的法律,但其效力基本可以等同于法律,或者称之为准法律。"[2]陈兴良教授则主张两个规定并非法律,因为"虽然经全国人大常委会批准,但就其性质而言,仍然属于行政法规"。[3]这一观点与沈福俊教授遥相呼应。[4]皮纯协教授与王毅博士则主张两个规定并不具有同一位阶,前者属于行政法规,后者是规章。[5]刘仁文教授认为,《关于劳动教养问题的决定》"是我国第一部劳动教养法规",但对《关于劳动教养的补充规定》未做具体定性。[6]在另一个场合,刘教授主张 1982 年制定的《劳动教养试行办法》"只是一个行政法规"[7]。

(二)共识在行政诉讼中的体现

在为数不多的对劳动教养制度合法性发生争议的案件中,被劳教对象与劳教委员会之间尽管对该制度(主要是《劳动教养试行办法》)的立法位阶以及其是否违反现行《宪法》以及其他上位法存在分歧,但各方似乎也都认可该制度是立法的产物。

在一个案件中,原告诉称,"《劳动教养试行办法》是行政

---

[1] 陈瑞华:"警察权的司法控制:以劳动教养为范例的分析",载《法学》2001 年第 6 期。
[2] 杨建顺:"劳动教养法律规范的缺陷与辨析",载《法学》2001 年第 6 期。
[3] 陈兴良:"劳动教养之权力归属分析",载《法学》2001 年第 5 期。
[4] 沈福俊:"关于废除劳动教养制度的思考",载《法学》1999 年第 7 期。
[5] 皮纯协、王毅:"试论劳动教养制度的改革与完善",载《法学杂志》2000 年第 3 期。
[6] 刘仁文:"劳动教养制度及其改革",载《行政法学研究》2001 年第 4 期。
[7] 刘仁文:"劳动教养亟需立法",载《法学杂志》1998 年第 5 期。

规章，依法不能设定限制人身自由的行政处罚或强制措施。该办法……已经与现行法律发生冲突，违反了上位法的规定，应当予以撤销，不能作为执法依据"。[1]在另一个案件中，上诉人指出，"我国《立法法》与《行政处罚法》明确规定限制人身自由的行政处罚只能由法律设定，作为行政规章的《劳动教养试行办法》规定限制人身自由的劳动教养行政处罚措施属越权行为，其因违反上位法的规定而不应该具备法律效力，被上诉人自然也不能以其为依据对上诉人进行处罚"。[2]也有原告指出，"被诉劳动教养决定适用的法律依据是国务院转发、公安部发布的《劳动教养试行办法》，违反了《中华人民共和国立法法》第8条、第9条的规定"。[3]还有作为被劳教对象的上诉人承认，"《劳动教养试行办法》属于国务院颁布的行政法规"。[4]

各地劳教委员会尽管对系争规范的立法位阶认识不一，但都毫不迟疑地认为劳教制度具有明确而坚实的法律依据。例如，在一个案件中，被上诉人劳教委员会认为，"劳动教养制度是经全国人大常委会批准实施的一项制度，因此，《劳动教养试行办法》与《立法法》并不冲突。经查，《劳动教养试行办法》是由国务院转发，由公安部发布的现行有效的行政规章，被上诉人适用该规章并无不当"。[5]作为被上诉人的焦作市劳动教养

---

[1] 阎心红诉山西省太原市劳动教养管理委员会劳动教养决定纠纷案，郓城县人民法院行政判决书，(2010) 郓行初字第213号。

[2] 卢伟忠与焦作市劳动教养管理委员会劳动教养决定纠纷案，河南省焦作市中级人民法院行政判决书，(2011) 焦行终字第15号。

[3] 蒋某某与上海市劳动教养管理委员会劳动教养决定纠纷上诉案，上海市第二中级人民法院行政判决书，(2010) 沪二中行终字第219号。

[4] 上海市劳动教养管理委员会与方永祥劳动教养行政诉讼纠纷上诉案，湖南省岳阳市中级人民法院行政判决书，(2010) 岳中行终字第17号。

[5] 朱爱银与湖州市人民政府劳动教养管理委员会劳动教养行政强制纠纷上诉案，浙江省湖州市中级人民法院行政判决书，(2007) 湖行终字第33号。

管理委员会和上海市劳教局都曾经做过如下反驳:"《劳动教养试行办法》是法律法规,不是行政规章。"〔1〕"《劳动教养试行办法》是现行有效的法律法规,被诉劳动教养决定适用法律正确。"〔2〕尽管他们对《劳动教养试行办法》究竟是法律还是法规混淆不清,但对该办法是立法产物的定位却是非常明确的。

以上各方对劳动教养制度的定位反映了一种不谋而合的认知框架,即不再追问三个规范制定时相关制定或批准的主体是否具有立法权,只要这些规范尚未被其制定主体或更高的立法机关废除,其自然应被视为立法。申言之,由于全国人大常委会、国务院及其部委依据1982年《宪法》享有相关的立法权,因此被推定自始具有立法权。这种逻辑推理的结果必然是,1982年《宪法》生效之前由这些机关制定、批准或颁布的相关规范性文件自然也取得了立法的地位,因而享有与法律、行政法规、规章同等的法律位阶。

二、存在上述共识的制度原因

上述共识并非一种偶然现象。它的存在是由一系列制度因素综合作用的结果。从表面上看,全国人大常委会、国务院以及最高人民法院对我国立法体制及其承接变迁的一种主流认知深深地影响了基层执法司法机关及其工作人员以及社会各界的认知。从深层次看,依法立法的理念长期未被树立起来以及政府对某些既有的社会管理手段的依赖也促使一些非立法产品顺利获得并长期保持立法的身份。

---

〔1〕 卢伟忠与焦作市劳动教养管理委员会劳动教养决定纠纷案,河南省焦作市中级人民法院行政判决书,(2011)焦行终字第15号。

〔2〕 蒋某某与上海市劳动教养管理委员会劳动教养决定纠纷上诉案,上海市第二中级人民法院行政判决书,(2010)沪二中行终字第219号。

(一) 官方主流认知错位及其影响

对于1954年《宪法》生效之后、1982年《宪法》生效之前由全国人大常委会、国务院及其部委制定、批准、颁布的规范的制度定位，全国人大常委会、国务院以及最高人民法院自1979年以来基本上都将其确认为立法。同时，三个机关也都通过自身的制度实践有意无意地强化这种立法论。

众所周知，在现行《宪法》生效之前，全国人大常委会根据不同时期的《宪法》仅有权制定法令。[1]同时，如后文所述，法令究竟是否属于立法、其在立法体系中的地位如何以及外延有多大这些重要的问题在不同宪法典框架下有过不同的安排，全国人大常委会在不同的历史时期也对此做过不同的阐释。然而，有一点是可以肯定的，法令制定权与现行《宪法》所授予全国人大常委会的法律制定权存在着实质性的区别，后者是国家立法权的重要组成部分，而前者的定位是极为模糊的。同样，国务院仅在现行《宪法》框架下获得立法权，即制定行政法规的权力。[2]因此，其于1982年12月4日之前制定的规范能否被"追授"为行政法规也是高度存疑的。尽管如此，全国人大常委会在现行《宪法》生效前的一些"立法"实践及相关的表态制造了一种不必要的制度错觉，即全国人大常委会与国务院自新中国成立以来便拥有法律及行政法规的制定权。

1954年《宪法》生效之后至1979年，全国人大常委会对法令的定位不仅在名称上极为明确，而且其外延也相对清晰。自1956年至1963年间，全国人大常委会制定的法令所采用的名称仅包括"条例"和"决定"，与全国人大所制定法律所采用的

---

[1] 参见1954年《宪法》第31条第（四）项、1975年《宪法》第18条、1978年《宪法》第25条第（三）项。

[2] 1982年《宪法》第89条第（一）项。

"法"之间存在明显的区别。需要强调的是，在此期间，法令的外延已经开始经历一些变化。1958年之前，法令仅仅包括全国人大常委会自身制定的规范。[1] 1958年，全国人大常委会依然延续这种区分，但也提到其批准了国务院的若干决定，包括《关于劳动教养问题的决定》。[2] 然而，从1959年开始，法令的外延开始被扩大，不仅包括了全国人大常委会自身所制定的规范，而且包括了其所批准的国务院以及地方人大所制定的规范，并且后者的数量大大超过前者。[3]

从1979年开始，全国人大常委会为其制定及批准的规范所选择的名称变得更为多样化，不仅包括了"条例""决定"和"决议"，甚至还包括了"法"。例如，《文物保护法》《环境保护法（试行）》《民事诉讼法（试行）》《海洋环境保护法》《商标法》《食品卫生法（试行）》等都是在现行《宪法》实施前由全国人大常委会制定的。同时，在这些规范的条文中，全国人大常委会还进一步使用了"特制定本法"[4] 这样足以令人对其位阶产生误解的字眼。此外，这些制定规范活动也被全国人大常委会作为立法工作向全国人大会议报告。[5] 尽管全国人大常委会在此期间仍然用"法令"统称这些规范，[6] 但上述举动无疑强化了此时的全国人大常委会业已获得制定法律权力的错觉。

与此同时，全国人大常委会与国务院在现行《宪法》生效

---

[1] 参见《全国人民代表大会常务委员会工作报告》（1956年、1957年）。
[2] 参见《全国人民代表大会常务委员会工作报告》（1958年）。
[3] 参见《全国人民代表大会常务委员会工作报告》（1960年、1963年、1964年）。
[4] 《文物保护法》（1982年）第1条、《海洋环境保护法》（1982年）第1条。
[5] 参见《全国人民代表大会常务委员会工作报告》（1982年、1983年）。
[6] 参见《全国人民代表大会常务委员会工作报告》（1980年~1983年）。

前便开始使用"行政法规""地方性法规""规章"指称国务院、某些地方人大及其常委会和国务院部委制定的规范并将其视为当时我国立法体系的重要组成部分。例如，全国人大常委会在1980年提到，"中华人民共和国成立以后的17年，国家制定的法律、法令和行政法规，据大略的统计，有1500多件"。[1]同年，刚刚卸任国务院总理的华国锋在一个重要讲话中指出，"要用行政立法来明确规定各个行政机构和各机构内各单位各个人职责范围。这个工作要从两个方面同时进行：一是各部门、各单位发动群众自己规定各种规章、条例，……二是从国务院到地方各级政府，要组织专门的力量，制定系统的行政法规，……"。[2]1981年6月10日，全国人大常委会法制委员会副主任王汉斌指出，"我国的法制虽然还不完备，但是建国以来，特别是党的三中全会以来，已经制定了一些重要的基本法律、法令和行政法规"。[3]1982年，全国人大常委会强调，"一年来的实践还说明，最高国家权力机关制定的法律、法令和各省、自治区、直辖市制订的地方性法规的有效执行，对于我国人民民主专政制度的加强，社会风气和社会秩序的好转，社会治安情况的改善，起了重要作用"。[4]这些概念的提前引入和使用无疑进一步强化了人们的错觉，即现行《宪法》所确立的全新的立法体系在1982年之前早已存在。

此外，在全国人大常委会所开展的三次法律清理以及国务院所开展的五次法规清理中，不仅大量被废止的法令以及国务

---

〔1〕 参见《全国人民代表大会常务委员会工作报告》（1980年）。
〔2〕 华国锋：《在五届全国人民代表大会第三次会议上的讲话》（1980年9月7日）。
〔3〕《关于加强法律解释工作等三个决定（草案）的说明》（在第五届全国人民代表大会常务委员会第十九次会议上）。
〔4〕《全国人民代表大会常务委员会工作报告》（1982年）。

院制定的规范被追认为法律、行政法规，而且同样有一定数量的法令及其他规范在清理之后被认定为法律、行政法规而继续被适用。例如，全国人大常委会分别于1954年、1957年制定的两部法令《逮捕拘留条例》《治安管理处罚条例》均于1987年被追认为法律。[1]经同一次清理之后，134件法律中"继续有效或者继续有效正在研究修改的有23件"，[2]包括1954年由全国人大常委会通过的《公安派出所组织条例》《城市街道办事处组织条例》等多部法令一直被作为法律存在直到2009年才被废止。[3]

同样，在国务院于1993年开展的法规清理中，1954年由国务院批准发布的《复员建设军人安置暂行办法》、1980年由国务院批准、财政部发布的《个人所得税法施行细则》也被追认为行政法规，[4]而1955年、1978年分别由国务院发布的《国营企业决算报告编送办法》《会计人员职权条例》等规范则被作为有效行政法规予以保留直至2000年被废止。[5]同时，1957年颁布的《关于劳动教养问题的决定》、1979年颁布的《关于劳动教养的补充规定》以及1982年颁布的《劳动教养试行办法》则在这些清理活动中幸存下来并且被作为有效的法律、行政法规（或规章）适用至今。

上述清理实践对最高人民法院也产生了影响，其直接结果

---

[1] 参见《全国人民代表大会常务委员会关于批准法制工作委员会关于对1978年底以前颁布的法律进行清理的情况和意见的报告的决定》，附件一。

[2] 《全国人民代表大会常务委员会关于批准法制工作委员会关于对1978年底以前颁布的法律进行清理的情况和意见的报告的决定》。

[3] 《全国人民代表大会常务委员会关于废止部分法律的决定》（2009年6月27日第十一届全国人民代表大会常务委员会第九次会议通过）。

[4] 《国务院关于废止1993年底以前发布的部分行政法规的决定》。

[5] 《国务院关于废止2000年底以前发布的部分行政法规的决定》。

就是法院系统也随之承认未被清理过的法令以及国务院规范的法律、行政法规地位。例如，现行《宪法》实施后，法院系统长期将《民事诉讼法（试行）》视为合法有效的法律并作为民事审判的主要程序指南。1984年，最高人民法院还依据同样是法令的《关于加强法律解释工作的决议》颁布了《关于贯彻执行〈民事诉讼法（试行）〉若干问题的意见》指导下级法院的民事审判工作。2004年，最高人民法院还指出，"考虑建国后我国立法程序的沿革情况，现行有效的行政法规"包括"清理行政法规时由国务院确认的其他行政法规"。[1]

上述三机关的立场或多或少会对基层行政机关及执法人员以及人民法院在执法依据和审判依据的态度上产生影响。有劳教委员会答辩，"经国务院转发的《劳动教养试行办法》是劳动教养制度的重要法律文件，在《立法法》施行后，经全国人大常委会清理，至今仍然适用。我委根据上诉人行为的事实、性质和情节，依照《劳动教养试行办法》的相关条款对上诉人做出劳动教养决定适用依据正确"。[2]也有劳教委员会提出，"到目前为止，在《劳动教养试行办法》尚未被法律明令废止的情况下，它无疑是现行有效的"。[3]此外，还有法院根据上述会议纪要做出如下认定："参照《最高人民法院关于审理行政案件适用法律规范问题的座谈会纪要》，……被告适用《立法法》施行以前且目前尚未被依法废止的国务院《劳动教养试行办法》做出被诉具体行政行为，具有法定的职权依据。根据《劳动教

---

[1] 参见《最高人民法院关于审理行政案件适用法律规范问题的座谈会纪要》（法〔2004〕96号）。

[2] 李旭与河南省新乡市人民政府劳动教养管理委员会劳动教养纠纷上诉案，河南省新乡市中级人民法院行政判决书，（2010）新行终字第960号。

[3] 余爱萍诉上海市劳动教养管理委员会劳动教养决定纠纷案，泾县人民法院行政判决书，（2012）泾行初字第00001号。

养试行办法》第 4 条、《国务院关于劳动教养的补充规定》第 2 条的规定，被告负有审查批准收容劳动教养人员的法定职责。"[1]

（二）"依法立法"的意识长期未树立

从 1979 年全国人大常委会恢复工作至《立法法》正式生效实施，包括全国人大及其常委会在内的立法机关对立法工作存在明显的认识上的偏差。在如何满足日益增长的制度需求方面，权宜主义、工具主义的思维始终占据主导地位，而规范主义的意识则相对淡薄。在众多立法机关看来，及时地进行制度供给始终是第一要务，而究竟应当如何依法实现供给则属于次要的问题。换言之，最迫切的任务是提供那些立法的实体结果，而立法权限、程序、效力等级等方面的考虑则不能优先于或者阻碍对实体立法结果的追求。

由于长期未树立起严格的"依法立法"的意识，立法过程的随意性成为一种常态。首先，立法权限意识淡薄。2000 年，全国人大常委会法工委主任顾昂然曾经指出，多年来立法领域所积累的众多问题之一便是"有些法规、规章规定的内容超越了权限"[2]。其实，全国人大及其常委会、国务院在立法过程中同样缺乏对立法权限的恪守。全国人大曾于 1985 年一揽子地授权国务院制定有关经济体制改革和对外开放方面的暂行规定或条例，[3] 而并未对获得授权后国务院的立法权限进行明确、

---

[1] 张某与上海市某某委员会劳动教养行政决定纠纷上诉案，江苏省徐州市中级人民法院行政判决书，(2009) 徐行终字第 129 号。
[2] 《关于〈中华人民共和国立法法（草案）〉的说明》(2000 年 3 月 9 日在第九届全国人民代表大会第三次会议上)。
[3] 参见《全国人民代表大会关于授权国务院在经济体制改革和对外开放方面可以制定暂行的规定或者条例的决定》(1985 年 4 月 10 日第六届全国人民代表大会第三次会议通过)。

具体的限制。[1]全国人大常委会不仅在基本法律修改权领域的实践大大超越了《宪法》第67条的界限，[2]而且也曾宽泛地授予国务院制定有关税收条例草案的权力，为税收立法权的长期虚置埋下伏笔。[3]尽管《立法法》业已确立了税收法定主义，[4]但国务院仍然成为最主要的税收立法主体。尽管这种明显的违法立法现象广受质疑，[5]但全国人大常委会对于收回此种立法权依然"没有路线图，也没有时间表"[6]。

其次，程序工具主义大行其道。在很长一段时间内，各级立法机关将程序仅仅视为为决策服务的制度媒介。在这种思想的主导下，立法程序的确定、选择、适用与变更时常取决于立法机关对决策便利性的考量，而非严格按照宪法、法律的规定而展开。在程序规则空白或模糊的领域，立法机关更不会按照

---

〔1〕 授权决定仅仅确定了"根据宪法""同有关法律和全国人民代表大会及其常务委员会的有关决定的基本原则不相抵触"这两个较为宽泛的原则，而对国务院可就经济体制改革和对外开放的哪些具体领域进行立法则语焉不详。这种模糊授权为后来国务院立法权的极速膨胀和扩张提供了有利的条件。

〔2〕 参见林彦："基本法律修改权失范及原因探析"，载《法学》2002年第7期。

〔3〕 参见《全国人民代表大会常务委员会关于授权国务院改革工商税制发布有关税收条例草案试行的决定》（1984年9月18日第六届全国人民代表大会常务委员会第七次会议通过）。

〔4〕 参见《立法法》第8条第（六）项。

〔5〕 参见郝园园等："人大代表建议把税收立法权收归全国人大"，载《半岛都市报》2013年3月7日，第A7版；李磊："人大税收立法被放弃达30年 政协委员称系失职表现"，载凤凰财经，http://finance.ifeng.com/news/special/2013lianghui/20130309/7750853.shtml，最后访问时间：2013年4月10日；新华舆情："网民认为税收立法权归人大是大势所趋"，载新华网，http://news.xinhuanet.com/yuqing/2013-03/18/c_124473102.htm，最后访问时间：2013年4月10日；黄利："学者建议税收立法应由人大主导"，载《南方周末》2008年11月27日。

〔6〕 郑根岭等："信春鹰：收回税收立法权没路线图也没时间表"，载央视网，http://politics.caijing.com.cn/2013-03-09/112576113.html，最后访问时间：2013年4月10日。

宪法和法律所确定的程序原则选择适当的决策程序。例如，全国人大曾经两次原则批准（通过）审议到一半的法律草案，交由全国人大常委会继续审议并由后者颁布试行，而不是将草案提交全国人大继续审议并通过。[1]

再次，某些规范的效力等级始终未予明确。众所周知，《宪法》及《立法法》确立并确认了由宪法、法律、行政法规、地方性法规、规章等组成的由高到低的效力等级体系。[2]《立法法》还进一步提供了确认规范效力等级关系、解决效力等级纷争的基本规则。[3]然而，另外一些形态的法律规范的效力等级至今仍然未被明确。由全国人大原则批准的由全国人大常委会颁布的法律究竟属于基本法律还是其他法律？由全国人大常委会批准的国务院立法究竟是法律还是行政法规？基本法律的效力是否高于其他法律？国务院根据全国人大常委会授权制定的立法究竟属于法律还是行政法规？对于这些经常困扰执法和司法的重要问题，全国人大及其常委会、国务院尚未给出过明确的答案。

与上述三个现象相类似，由于"依法立法"意识的缺乏，对于现行《宪法》生效前所制定的法律规范究竟应当如何确定其效力等级这一重要的现实问题，相关的立法机关却始终未予以充分重视并及时依法予以解决，以至于让一些效力等级悬而未决的规范长期在"效力错觉"下未加甄别地被作为有效的执法依据加以适用。

---

[1] 参见《中华人民共和国第五届全国人民代表大会法案委员会关于三个法律草案的审查报告》（1981年12月11日第五届全国人民代表大会第四次会议主席团第三次会议通过）；《全国人民代表大会关于〈中华人民共和国村民委员会组织法（草案）〉的决定》（1987年4月11日第六届全国人民代表大会第五次会议通过）。

[2] 参见《宪法》第5条第3款、《立法法》第87条至第91条。

[3] 参见《立法法》第92条、第94条、第95条。

(三) 对旧制度的高度依赖

"文革"的结束、十一届三中全会的召开以及现行《宪法》的颁布——显示了以阶级斗争为纲路线的终结以及国家工作重心向现代化建设方面的转移,也象征着中国从此"走进一个新时代"。此时,加强法制建设不仅成为肃清封建主义以及"四人帮"遗毒的重要手段,[1]更成为执政党继往开来、凝聚民心并实现长治久安的一个重要战略。

20世纪70年代末、80年代初,制度上的辞旧迎新成为时代的主题。当意识到某种旧制度将会阻碍改革开放和经济发展时,执政党以及政府都毫不迟疑地"破旧"。在宏观层面,终止以阶级斗争为纲的路线、放弃1978年《宪法》、改革计划经济体制等,无一不是为了迎接新的历史使命而改造各种生态系统;在微观层面,大规模平反冤假错案、废除"四大自由"等,也一一致力于为适应新征程而更换陈旧的零部件。总而言之,一切阻碍改革、弊大于利的旧制度都要被清算、被废弃,正如全国人大常委会所坦诚申明,废除"四大自由"是为了"维护安定团结的政治局面,保障社会主义现代化建设的顺利进行"[2]。

作为对旧体制反思的产物,现行《宪法》及其统帅下的法律体系也的确蕴含了许多与历史道别、为改革护航的全新元素。在恢复人民代表大会制度的前提下强化常委会职权、赋予部分地方人大立法权、赋予公民更多的权利、构建对外开放所需的法律制度……没有这些基础的法律制度,改革开放和现代化建

---

[1] 彭真:《关于七个法律草案的说明》(1979年6月26日在第五届全国人民代表大会第二次会议上)。

[2] 《第五届全国人民代表大会常务委员会关于修改宪法第四十五条的议案》(1980年4月16日通过)。

设是无法顺利进行的,综合国力的提高也将缺乏必要的制度前提和保障。

然而,辞旧迎新并非这一法律体系和制度改革的唯一面向。事实上,上述广为人知的新元素、新制度只是整个法律制度体系中浮在水平面上的冰山,在水平面以下依然存在着大量的旧制度。为什么这些旧制度并未重复"四大自由"[1]的命运而幸存下来呢?归根结底,尽管这些旧制度与改革开放这一新主题格格不入,但因其所赖以生存的政治基础、社会土壤并未被新主题一劳永逸地加以取代而顽固地扎根。城乡二元格局、"强政府、弱社会"结构等问题在现行《宪法》实施以后继续存在且未得到有效地破解。

由于改革的妥协性和不彻底性,寄生于这些结构和制度之上的法律也没有随着《宪法》的实施被及时废止,反而被保留下来继续适用,甚至在某些情况下其功能被强化。因此,维系城乡二元格局的户籍法律制度被完整保留下来,《城市流浪乞讨人员收容遣送办法》[2]也并未因涉嫌违反《宪法》第37条所确认的人身自由而被废止,1978年国务院发布的《关于安置老弱病残干部的暂行办法》[3]尽管涉嫌违反《宪法》所确立的男

---

[1] 1980年,全国人大修改宪法,取消了被视为"文革"遗毒的"大鸣,大放,大辩论,大字报"四大自由。参见《第五届全国人民代表大会第三次会议关于修改〈中华人民共和国宪法〉第四十五条的决议》,载中国人大网,http://www.npc.gov.cn/wxzl/gongbao/2000-12/11/content_5004391.htm,最后访问时间:2014年6月17日。

[2] 该办法于1982年5月18日由国务院制定颁布。孙志刚事件发生后,国务院于2003年6月18日将其废止并通过了《城市生活无着的流浪乞讨人员救助管理办法》。

[3] 该办法于1978年5月24日由第五届全国人民代表大会常务委员会第二次会议原则批准,国务院发布。该办法至今未被废止,并一直作为现行有效的行政法规加以适用。

女平等原则〔1〕至今却依然被作为有效的法规加以适用……不仅如此，一些保守陈旧的管制方式也在某些情况下得以激活，甚至使一些新制度不仅无法实施而且被扭曲。20世纪80年代初的严打以及反精神污染运动就使得《宪法》《刑事诉讼法》等法律对人身自由以及言论自由所提供的保障受到严重削弱。〔2〕

20世纪80年代初，劳动教养制度恰好契合了城市政府控制人口无序流动、回应失业人口增加带来治安维护压力的治理需求。〔3〕正如陈兴良教授所言，"劳动教养制度的实际功用是建立在社会需求之上的"。〔4〕也有学者承认，"劳动教养在维护秩序、预防犯罪方面具有其他任何法律强制措施所不可替代的强大功用"。〔5〕因此，尽管其与上位法所确立的保障公民人身自由的原则存在明显的冲突，却可以在新的历史条件下被赋予全新的使命而毫发无损地得以存续并在某种条件下实现功能的强化。

三、立法体制的宪法构建：劳动教养制度并非立法的产物

从严格的规范主义立场出发，论证劳动教养制度是否具有

---

〔1〕《宪法》第48条规定："中华人民共和国妇女在政治的、经济的、文化的、社会的和家庭的生活等各方面享有同男子平等的权利。……国家保护妇女的权利和利益，实行男女同工同酬，培养和选拔妇女干部。"

〔2〕 有关这次严打运动的背景、概况及其对公民权利保障的消极影响，参见李军："1983'严打'的悖论"，载《南方都市报》2008年11月3日，第A12-13版。有关清除精神污染运动的背景及评价，参见王若水："清除精神污染运动：文革的回光返照"，载新华网，http://phtv.ifeng.com/program/tfzg/200807/0718_2950_661194.shtml，最后访问时间：2013年3月9日。

〔3〕 有关劳动教养制度的功能变迁，参见 Fu Hualing, *Re-Education Through Labor in Historical Perspective*, 184 the China Quarterly (Dec., 2005), pp. 811~830.

〔4〕 陈兴良："劳动教养之权力归属分析"，载《法学》2001年第5期。

〔5〕 梁根林："劳动教养何去何从"，载《法学》2001年第6期。

法律依据必须将制定这些规范时我国的立法体制作为最直接的制度背景展开分析,而我国立法体制变迁的最主要的制度平台无疑是四部宪法典。脱离宪法文本论证劳动教养制度的立法属性都很可能得出片面的、甚至是错误的结论。因此,1957年颁布的《关于劳动教养问题的决定》、1979年颁布的《关于劳动教养的补充规定》以及1982年颁布的《劳动教养试行办法》的合法性必须首先由各部宪法所安排的立法体制来决定。同时还需要探讨的一个问题是,如果我们承认立法机关具有事后追认非立法规范的立法效力的权力,它(们)必须履行怎样的程序才能做出有效的追认?

(一) 三部宪法均无法为劳动教养制度提供合法性基础

以制定时间作为重要的事实基础,对《关于劳动教养问题的决定》《关于劳动教养的补充规定》《劳动教养试行办法》的合法性论证必须从 1954 年、1978 年和 1982 年三部宪法所安排的立法制度出发。论证的结论则是,催生和延续劳动教养制度的三个规范既不是 1954 年和 1978 年《宪法》所确认的立法体系的产物,也并未从 1982 年《宪法》获得一种全新的合法性。

1954 年《宪法》确立了一个迄今为止最为集中的单一立法体制。其第 22 条规定,"全国人民代表大会是行使国家立法权的唯一机关"。尽管其也规定全国人大常委会有权"制定法令"[1]、国务院有权"根据宪法、法律和法令,规定行政措施,发布决议和命令"[2],但显然后两者并非立法机关。因此,法令也好,决议和命令也好,均无法被认定为是一种正式的立法渊源。循此逻辑,1957 年由全国人大常委会所批准的《关于劳动教养问题的决定》也就无法获得立法的身份。1955 年,全国人大曾

---

[1] 1954 年《宪法》第 31 条第(四)项。
[2] 1954 年《宪法》第 49 条第(一)项。

经授权全国人大常委会在其闭会期间制定"部分性质的法律,即单行法规",[1]但是这一授权至1975年《宪法》通过之时应不具有法律效力,且也未被后两部宪法所承认。由于《关于劳动教养问题的决定》是由国务院制定的,而非全国人大常委会制定的,因此,根据1955年的授权决议,该决定也不能被认定为单行法规。1959年,全国人大又依据《宪法》第31条第(十九)项的规定授权常务委员会"在全国人民代表大会闭会期间,按照情况的发展和工作的需要,对现行法律中一些已经不适用的条文,适时地加以修改"[2]。此次授权使全国人大常委会获得了部分且有限的立法权,无论是权力作用的对象(全国人大制定的法律)、时间(全国人大闭会期间)和幅度(修改)都受到严格的限制。因此,这是一种附属的、而非自主的立法权。当然,这种立法权的存在也并不能为业已存在的规范——《关于劳动教养问题的决定》补办立法身份证。

正如周旺生教授指出的,1957年至1978年,我国立法"跌入低谷",进入到"立法体制的变异"阶段。此时,"只有国务院及其部委依然发布规范性文件"。"但是,宪法和法律并未规定国务院及其所属部委享有国家立法权或行政法规立法权,它们发布的规范性文件在法律上、理论上都不属于法的范围,发布这些规范性文件的活动不能视为立法活动。"[3]

1978年《宪法》基本上恢复了1954年《宪法》有关全国

---

[1]《中华人民共和国第一届全国人民代表大会第二次会议关于授权常务委员会制定单行法规的决议》,载新华网,http://news.xinhuanet.com/ziliao/2004-10/11/content_2077163.htm,最后访问时间:2014年7月29日。

[2]《第二届全国人民代表大会第一次会议关于全国人民代表大会常务委员会工作报告的决议》(1959年4月28日第二届全国人民代表大会第一次会议通过)。

[3] 周旺生:"中国立法五十年(上)——1949~1999年中国立法检视",载《法制与社会发展》2000年第5期。

人大、全国人大常委会以及国务院规范制定权的相关规定。其第 22 条规定，全国人民代表大会有权修改宪法和制定法律。同时，第 25 条规定全国人大常委会有权"解释宪法和法律，制定法令"[1]。此外，国务院也有权"根据宪法、法律和法令，规定行政措施，发布决议和命令"[2]。与 1954 年《宪法》相比，这部宪法在立法权配置上也带来了两个重要变化。其一，是删除了"全国人民代表大会是行使国家立法权的唯一机关"的表述；其二，是赋予全国人大常委会解释宪法和法律的权力。因此，1978 年《宪法》有关立法体制的设计也与 1982 年《宪法》存在重要的制度重合，包括并未将全国人大作为唯一的立法机关以及赋予全国人大常委会解释宪法和法律的权力。

尽管如此，我们也不能将 1982 年《宪法》对立法权的配置体系套在 1978 年《宪法》之上，将后者所设置的规范制定权体系等同于立法体系。1978 年《宪法》尽管删去了"全国人民代表大会是行使国家立法权的唯一机关"的字样，并不代表其已经授予全国人大常委会及国务院立法权。从立法背景资料分析，此次修宪对国家机构权力配置的改革主要包括确立联系群众的原则，国家机关领导人员按老、中、青结合的原则进行配备，地方政府省、县、公社三级，恢复人民检察院的设置这四个方面，只字未提对立法体制的改革，更没有赋予全国人大常委会、国务院立法权的明确意思表示。[3]因此，尽管全国人大常委会和国务院分别有权制定法令和行政措施，这两种规范是否能作为立法看待是存疑的。

---

[1] 1978 年《宪法》第 25 条第（三）项。
[2] 1978 年《宪法》第 32 条第（一）项。
[3] 参见叶剑英：《关于修改中华人民共和国一九七五年宪法的报告》（1978 年 3 月 1 日在第五届全国人民代表大会第一次会议上的报告）。

与《关于劳动教养问题的决定》一样，《关于劳动教养的补充规定》也是由国务院制定后经全国人大常委会批准的。且不论其究竟属于行政措施还是法令尚有争议，即使我们将其视为法令，也不能进一步将其等同于1982年《宪法》所规定的法律。如果将其确认为行政措施，那么我们也不能进一步将其作为行政法规对待。《劳动教养试行办法》是在现行宪法颁布实施前由公安部制定、发布，并由国务院转发的。由于1978年《宪法》并未明确规定国务院各部委的职权，包括公安部在内的部委自然也就不享有任何独立的立法权。同时，转发（而非批准）这一行为是否能使《劳动教养试行办法》获得行政措施的身份也是充满争议的。总之，在1978年《宪法》所确立的立法制度下，《关于劳动教养的补充规定》和《劳动教养试行办法》都无法获得明确的、毫无争议的立法地位。

　　对于法令和行政措施，现行《宪法》采取了区别对待的方法，但处理的结果却都是否认其立法地位。1982年提交全民讨论的宪法草案曾经保留了法令，并将其作为一级立法对待。其第55条规定，"全国人民代表大会和全国人民代表大会常务委员会行使国家立法权，制定法律和法令""全国人民代表大会和全国人民代表大会常务委员会通过的除了法律以外的决定、决议统称法令，法令具有同法律同等的约束力"。但是，最终的宪法文本将法令排除在法律渊源之外，而将全国人大和其常委会的立法称谓分别确定为基本法律和其他法律。[1]另一方面，尽管现行《宪法》在设定国务院职权时保留了行政措施这一规范形态并将其置于行政法规之前，[2]但它并未被接纳为新的立法

---

〔1〕《宪法》第62条第（三）项、第67条第（二）项。

〔2〕《宪法》第89条第（一）项。

体制的一个组成部分,取而代之的则是行政法规。[1]由于现行《宪法》并未将"法令""行政措施"作为一级立法,[2]根据1978年《宪法》制定的法令和行政措施当然无法获得被现行《宪法》所承认的立法资格,包括1979年恢复工作后全国人大常委会制定的一系列被冠以"法"的重要规范。

近期,褚宸舸教授在讨论法律询问答复效力时,也基于同样的理由否定长期被视为司法解释法定依据的《关于加强法律解释工作的决议》的立法资格。他认为,该决议"颁布于1981年,在1982年《宪法》特别是《立法法》颁行后,立法体制已经发生重大调整与变化,其应归于无效。"[3]笔者深为赞同。只要现行《宪法》没有积极肯定,在其之前所存在的立法实践或立法制度都不能理所当然地因为该实践主体或者制度制定者因现行《宪法》所赋予的立法权而在事后被一味地概括肯定。劳动教养制度也不例外。

(二)两个追认决议及其对劳动教养规范效力的影响

对于这些非立法规范,全国人大常委会曾经两次在法律清理过程中试图明确赋予其立法地位。但事实上,这两次事后追认都无法实现上述初衷。

1979年11月29日,五届全国人大常委会第十二次会议通过了《关于中华人民共和国建国以来制定的法律、法令效力问题的决议》(简称《决议》),并宣布:"从1949年10月1日中华人民共和国建立以来,前中央人民政府制定、批准的法律、

---

[1] 参见《宪法》第5条第3款。

[2] 1982年《宪法》草案中本来保留了全国人大常委会有权制定法令的规定,但最终的宪法文本则取消了这样的规定。参见《中华人民共和国宪法草案》(1982年)第55条。

[3] 褚宸舸:"论答复法律询问的效力——兼论全国人大常委会法工委的机构属性",载《政治与法律》2014年第4期。

法令；从 1954 年 9 月 20 日第一届全国人民代表大会第一次会议制定中华人民共和国宪法以来，全国人民代表大会和全国人民代表大会常务委员会制定、批准的法律、法令，除了同第五届全国人民代表大会制定的宪法、法律和第五届全国人民代表大会常务委员会制定、批准的法令相抵触的以外，继续有效。"

《关于劳动教养问题的决定》制定在《决议》之前，适用《决议》应无争议。《关于劳动教养的补充规定》与《决议》是同一天通过，因此，其应不在《决议》所指的规范范围之内。那么，《决议》是否使《关于劳动教养问题的决定》获得了立法身份呢？答案是否定的。《决议》仅仅是宣布包括《关于劳动教养问题的决定》在内的法令在不与 1978 年《宪法》相冲突的情况下继续有效，它并未将这些法令确认为一级立法。同时，如前文所述，法令在 1978 年《宪法》框架下是否构成一级立法是有争议的。

在 1982 年《宪法》通过前夕，《关于劳动教养问题的决定》和《关于劳动教养的补充规定》这两个有效的规范又面临着极其重要的身份危机，因为新宪法即将确立其一个全新的立法体系。面对这些立法效力等级未定却已被作为执"法"依据的规范，1982 年《宪法》本可以通过追认技术一劳永逸地解决它们的身份问题，以避免执法部门无所适从的乱象。但遗憾的是，五届全国人大五次会议并未像通过 1954 年《宪法》的一届全国人大一次会议那样做出追认性的决议。后者曾经宣布，"所有自从 1949 年 10 月 1 日中华人民共和国建立以来，由中央人民政府制定、批准的现行法律、法令，除了同宪法相抵触的以外，一律继续有效"。[1]一旦错过了 1982 年 12 月 4 日这一承前启后的时点，法令和行政措施就难以被披上立法的外衣。

---

[1]《中华人民共和国第一届全国人民代表大会第一次会议关于中华人民共和国现行法律、法令继续有效的决议》（已失效）。

1987年11月24日,全国人大常委会又批准了其法工委所做的《关于对1978年底以前颁布的法律进行清理的情况和意见的报告》(简称《报告》)。《报告》共宣布111件法律失效,而《关于劳动教养问题的决定》则未列其中。在维持《关于劳动教养问题的决定》的效力方面,《报告》与《决议》可谓殊途同归。但是,与《决议》相比,《报告》出现了一个非常严重的事实判断问题。在未对1954年《宪法》、1978年《宪法》所确立的立法体制进行必要梳理的情况下,《报告》将1978年底之前制定的法令直接升格为"法律"。这是明显的基于认识错误之后的张冠李戴。同时,更需要指出的是,在现行宪法框架下才享有立法权的全国人大常委会通过一份简单的报告将其在不具有立法权情况下制定的规范上升为立法既无明确的法律依据,也违背了"自己不做自己案件的法官"这一朴素的原理。

明确法令、行政措施的立法地位不亚于重新构建一个立法体系,理应通过修宪、释宪的程序,或者由全国人大通过一定的方式加以解决。如前所述,一届全国人大一次会议通过专门的决议解决类似的问题。20世纪90年代,全国人大又直接通过《基本法》的条文解决香港、澳门回归之前法律规范效力问题。全国人大宣布,"香港原有法律,即普通法、衡平法、条例、附属立法和习惯法,除同本法相抵触或经香港特别行政区的立法机关做出修改者外,予以保留"[1]"澳门原有的法律、法令、行政法规和其他规范性文件,除同本法相抵触或经澳门特别行政区的立法机关或其他有关机关依照法定程序做出修改者外,予以保留"[2]。

《报告》对《关于劳动教养问题的决定》规范效力的处理

---

[1] 《香港特别行政区基本法》第8条。
[2] 《澳门特别行政区基本法》第8条。

既缺乏法律依据，也与全国人大的相关实践存在冲突。同时，《报告》也尚未涉及《关于劳动教养的补充规定》的立法定位。总之，两次事后追认均无法为劳动教养制度提供坚实的法律基础。

四、结语

由非立法规范所催生的劳动教养制度竟能在其诞生后半个世纪多的时间内顺利地获得立法身份并被贯彻实施，这不仅体现了立法机关、司法机关认知上的错位，而且也反映了宪法学、立法学研究领域不应有的学术盲区。尽管劳动教养制度已经成为历史，我们依然需要反思，以避免重蹈覆辙。

论证劳动教养以及其他类似制度（主要包括现行宪法颁布前的法令、行政措施）的合法性必须建立在承认宪法对立法体制的统领性这一前提之上。只有严格地在每一部宪法所设定的立法体制框架下进行考察，我们才能对不同时期所制定的规范准确地进行身份认定。在此论证框架下，这些制度注定无法获得立法资格。因此，它们是无法成为执法、司法依据的，也无法对公民及社会组织产生约束力。

因此，《立法法》的修改工作应当正视这一问题，毕竟仍然有不少类似的规范不仅尚未被废止，而且依然被作为有效的立法对待。[1]本文认为，《立法法》应当确立以主体与程序两要

---

〔1〕 例如，在国务院法制办公室官方网站"法律法规全文检索系统"（http://search.chinalaw.gov.cn/search2.html）中，依然可以搜索出被当作有效的行政法规的类似规范，包括国务院于1981年5月20日制定的《学位条例暂行实施办法》（http://fgk.chinalaw.gov.cn/article/xzfg/198105/19810500268703.shtml），1980年10月30日由国务院公布的《关于管理外国企业常驻代表机构的暂行规定》（http://fgk.chinalaw.gov.cn/article/xzfg/198010/19801000267902.shtml），1980年4月6日由国务院公布的《国家机关工作人员病假期间生活待遇的规定》（http://fgk.chinalaw.gov.cn/article/xzfg/198104/19810400268064.shtml），等等。

素为必要条件的立法认定标准，杜绝以主体为唯一标准的认定方法，更不能以某机关现在享有立法权为由而概括性地"追认"其所制定的所有规范的立法属性。按照这一标准，现行《宪法》制定之前由全国人大常委会、国务院、省级人大及其常委会制定的规范不能再被尊为立法。这些规范所产生的制度，如司法解释制度等，也不能再被认定为法定制度。现行《宪法》实施之后，有立法权的机关非经法定立法程序而制定的规范（包括全国人大常委会通过的决定、决议），也不能被作为立法看待。我们期待，全国人大在《立法法》修改过程中对于这些具体的问题能够一一予以回应和澄清。

对劳动教养制度立法身份的讨论也启发我们，对于新中国成立后四部宪法典以及具体制度之间的承接、转折等关系，学界同仁应当开展一系列更为细致入微的考察。随着这类规范逐渐退出历史舞台，[1]对其立法身份的拷问的现实意义或许将越来越小，但这一命题仍然应当成为宪法史研究中不可或缺的内容。我们唯有认真地对待宪法文本，才有可能激发宪法文本的巨大规范潜力。

---

[1] 除了被废止的劳动教养制度之外，不少此类规范被后续的正式立法所取代。例如，1982年5月颁布的《城市流浪乞讨人员收容遣送办法》于2003年被《城市生活无着人员救助管理办法》所取代；1980年颁布的《中外合资经营企业登记管理办法》已被1988年7月1日实施的《企业法人管理登记条例》废止；1982年5月1日起施行的《广告管理暂行条例》已被1987年12月1日起施行的《广告管理条例》所废止，等等。

全国人大常委会"抽象法命题决定"的性质与适用

陈 鹏 [1]

摘要：全国人大常委会的部分决定带有抽象法命题的意味，从而与立法有所通联。"抽象法命题决定"的性质如何以及能否被司法机关适用是需要直面的问题。就其性质而言，决定的主体和程序是判断其是否是法律的唯一标准，但不属于法律的决定也可能被历部宪法授予全国人大常委会的制定法令、解释法律、修改法律、补充法律、批准条约的权力所涵盖。就其可适用性而言，司法机关几乎不加甄别地将决定视作可适用的规范，但在应然层面上，并非所有决定都可被适用。抽象法命题决定之所以勃兴并呈现出法规范的面貌，原因包括转型期宪法对全国人大常委会授权不足，立法者持守积极慎重的立法理念，全国人大常委会权力结构的复合性，以及司法活动条件的局限。

关键词：全国人大常委会 立法 法律 决定 有关法律问题的决定

---

[1] 厦门大学法学院助理教授，法学博士。本文原载《现代法学》2016年第1期，收录入本书时略有改动。

一、问题的提出

依照通说,全国人大及其常委会的职权可被划分为立法权、决定权、任免权、监督权四种类型,然而这种四分法并不规整,[1]全国人大常委会发布的相当一部分被冠以"决定""决议"之名的文件本身便带有抽象法命题的性质,[2]从而与立法活动具有一定通联性。包含抽象法命题的决定和决议有时被立法和司法工作者以及官方文件称为"有关法律问题的决定",[3]而学者则称之为"立法性决定"[4]或"准法律

---

[1] 有论者已经注意到这一点,指出:"决定权与其他三权的划分是相对的,不是绝对的……对有些职权既可以划分在决定权中,也可以划分在四权的其他三权的某一权中;有些职权在抽象地表述时是决定权,在具体行使时或从行使的结果看,可能表现为其他三权的某一权。"阚珂:"人大及其常委会行使决定权的几个问题",载刘政等:《人民代表大会制度讲话》(增订本),中国民主法制出版社1995年版,第190页。

[2] 蔡定剑教授认为,决定具有实体规定性和行为规范性,决议则不具备这样的特征,而只是对已有文件或事件的表态或宣示。参见蔡定剑:《中国人民代表大会制度》(第四版),法律出版社2003年版,第316~317页。但实际上,部分被冠以"决议"名称的文件也意在成为特定主体的行为规范,如1955年《全国人大常委会关于解释法律问题的决议》、1981年《全国人大常委会关于加强法律解释工作的决议》便是在规范层面划分各主体的法律解释权。

[3] 在笔者的检索范围内,最早公开使用"有关法律问题的决定"这一措辞的是时任最高人民法院副院长的任建新。1985年7月22日,任建新以中华人民共和国法律工作者代表团团长的身份在第十二届世界法律大会上发言时表示:"从一九七九年起到现在,我国共颁布了三十八个法律和四十九个有关法律问题的决定。"任建新:"增进了解,发展友谊,促进合作,维护和平——在第十二届世界法律大会上的发言",载《人民司法》1985年第9期,第3页。1987年《全国人大常委会议事规则》第一次在正式的规范性文件中使用这一概念,该规则第16条第2款规定:"有关法律问题的决定的议案和修改法律的议案,法律委员会审议后,可以向本次常务委员会会议提出审议结果的报告,也可以向下次或者以后的常务委员会会议提出审议结果的报告。"

[4] 参见蔡定剑:《中国人民代表大会制度》(第四版),法律出版社2003年版,第324页。

决定"。[1]为了避免与立法、法律等概念混淆，本文直接称之为"抽象法命题决定"。

由于抽象法命题决定与立法存在通联性，于是便产生了两个方面的问题，类似于旧式磁带的 AB 两面：A 面涉及抽象法命题决定的性质。由于宪法和相关法律皆没有规定全国人大及其常委会制定的法律是否应当冠以"××法"的名称，因而被冠以"决定""决议"之名的文件也未必不可被视作法律。但借助何种标准确定此类决定的性质，则需探究。B 面涉及的则是抽象法命题决定的司法适用。如果某一决定被视作法律，则司法机关可以将其作为司法和裁判活动的规范依据；如果某一决定不是法律，则需要观察宪制安排是否认可其成为司法活动的规范依据。但现实状况是，抽象法命题决定的性质这一A 面已缠结不清，其司法适用性这一 B 面也因联动而疑问重重。

二、抽象法命题决定的类型

对全国人大常委会抽象法命题决定予以类型化认知，是探讨其性质和司法适用性的前提。依照此类决定当中所包含的法命题的性质，可将其划分为以下六种类型：

1. 创设性决定

此种决定或授权相关部门行使其他规范性文件未赋予的特定职权，或为公民、法人及其他组织授予新的权利或课予新的义务。如《全国人大常委会关于加强反恐怖工作有关问题的决定》（2011）第 5 条便授权公安部门决定冻结恐怖组织及恐怖人员的资金和资产，同时为金融机构和特定非金融机构设定了冻

---

[1] 参见王竹："我国到底有多少部现行有效法律——兼论'准法律决定'的合宪性完善"，载《社会科学》2011 年第 10 期。

结和报告义务。

2. 补充性决定

此种决定虽然也创设新的权利和义务，但通常与其他法律存在一定关联。补充性决定在刑法领域最为常见。在1997年《刑法》颁布之前，全国人大常委会频频对1979年《刑法》作出补充规定，且补充规定多以决定的形式出现。如《全国人大常委会关于禁毒的决定》（1990）当中关于走私、贩卖、运输、制造、非法持有毒品等的规定，《全国人大常委会关于严禁卖淫嫖娼的决定》（1991）当中关于组织、强迫、引诱、容留、介绍他人卖淫犯罪的规定，《全国人大常委会关于惩治虚开、伪造和非法出售增值税专用发票犯罪的决定》（1995）等。1997年《刑法》颁布之后，类似的决定仍然存在，如《全国人大常委会关于惩治骗购外汇、逃汇和非法买卖外汇犯罪的决定》（1998）当中关于骗购外汇犯罪的规定。在其他部门法领域也存在类似的补充性决定。如三大诉讼法皆简要涉及了司法鉴定，而《全国人大常委会关于司法鉴定管理问题的决定》（2008）则对鉴定人和鉴定机构登记管理制度、鉴定人资格、鉴定机构资格等进行了补充规定。

3. 解释性决定

全国人大常委会通常以决定的形式作出法律解释。关于全国人大常委会的法律解释是否包含上述补充性决定，历史上三个文件作出了不同规定。1955年《全国人大常委会关于解释法律问题的决议》规定："凡关于法律、法令条文本身需要进一步明确界限或作补充规定的，由全国人民代表大会常务委员会分别进行解释或用法令加以规定。"有论者指出，这里使用"分别"二字便表明，凡属于需要进一步明确界限的，由常委会进行解释，凡属于需要做补充规定的，由常委会用法令加以规定。[1]但 1981 年《全国人大常委会关于加强法律解释工作的决议》规定:"凡关于法律、法令条文本身需要进一步明确界限或作补充规定的,由全国人民代表大会常务委员会进行解释或用法令加以规定。"以"或"替代"分别",便将解释法律的情形扩充至对法律"作补充规定"。2000 年《立法法》生效后,全国人大常委会从事法律解释的情形再次被限定,全国人大常委会仅在法律需要"进一步明确具体含义"或"明确适用法律依据"时解释法律。这两种情形下的法律解释皆与既存法律条文有密切关联,"需要进一步明确具体含义"是以特定法律条文为解释对象,"需要明确适用法律依据"也必然指向特定应当适用的法律条文。而补充性决定与既存法律条文的关联并不如此紧密,如前述《全国人大常委会关于司法鉴定管理问题的决定》只是对三大诉讼法当中简要提及、未予以明确规定的司法鉴定问题加以补充,尤其是其中针对鉴定人和鉴定机构的法律责任的罚则规定,与诉讼程序中司法鉴定更无直接关联。由于《立法法》不再认可通过法律解释的方式对法律进行补充规定,因而解释性决定也就应当与补充性决定区分开来。狭义的"解释性决定"即明确规范含义或明确法律适用的"明确性决定";而 1981 年决议生效之后、2000 年《立法法》生效之前作出的补充性决定仅可被视作广义的解释性决定;1955 年决议生效之后、1981 年决议生效之前的作出的补充性决定则属于最广义的解释性决定。全国人大常委会发布的对《刑法》《刑事诉讼法》《香港特别行政区基本法》的若干次解释便属于狭义的解释性决定;《全国人大常委会关于维护互联网安全的决定》(2000)等决定中关于特定行为应当依法承担刑事责任、民事责任或行政责任

---

[1] 参见乔晓阳主编:《中华人民共和国立法法讲话》(修订版),中国民主法制出版社 2008 年版,第 194 页。(陈斯喜撰写部分)

的规定也在此列；狭义的解释性决定有时也与其他性质的决定混编于一个决定文件中，如前述《全国人大常委会关于惩治骗购外汇、逃汇和非法买卖外汇犯罪的决定》虽包含了补充法律条文的条款，但该决定第 2 条关于特定行为应当依照《刑法》第 280 条予以定罪处罚的规定，便属于明确法律适用的解释性决定。[1]

4. 修改性决定

全国人大常委会对法律的修改呈现为两种决定形式，一种是专门作出修改法律的决定，如《全国人大常委会关于修改〈中华人民共和国劳动合同法〉的决定》《全国人大常委会关于修改〈中华人民共和国民事诉讼法〉的决定》等；另一种则是将修改性决定与补充性决定、解释性决定混编，如前述《全国人大常委会关于惩治骗购外汇、逃汇和非法买卖外汇犯罪的决定》第 3 条便明文修改了《刑法》第 190 条关于逃汇罪的规定。[2]

5. 废止性决定

全国人大常委会废止某一规范性文件或某一制度，乃是以否定性的法命题替换肯定性的法命题，其本质是一种消极的立法行为，[3]只是此种立法活动没有呈现为形式意义上的法律，

---

〔1〕 该条规定："买卖伪造、变造的海关签发的报关单、进口证明、外汇管理部门核准件等凭证和单据或者国家机关的其他公文、证件、印章的，依照刑法第二百八十条的规定定罪处罚。"

〔2〕 该条规定："将刑法第一百九十条修改为：公司、企业或者其他单位，违反国家规定，擅自将外汇存放境外，或者将境内的外汇非法转移到境外，数额较大的，对单位判处逃汇数额百分之五以上百分之三十以下罚金，并对其直接负责的主管人员和其他直接责任人员处五年以下有期徒刑或者拘役；数额巨大或者有其他严重情节的，对单位判处逃汇数额百分之五以上百分之三十以下罚金，并对其直接负责的主管人员和其他直接责任人员处五年以上有期徒刑。"

〔3〕 依凯尔森之见，违宪审查机关宣告法律违宪是一种消极的立法行为。参见［奥］汉斯·凯尔森著，张千帆译：《立法的司法审查——奥地利和美国宪法的比较研究》，载张千帆主编：《南京大学法律评论》（2001春季号），法律出版社2001年版，第4页。全国人大常委会宣布废止某一规范或制度亦可作如是观。

而是采取了决定的方式。如《全国人大常委会关于废止部分法律的决定》（2009）《全国人大常委会关于废止有关劳动教养法律规定的决定》（2013）即属于此种情况。

6. 批准性决定

全国人大常委会的批准性决定包括批准其他主体制定的规范性文件以及批准国际条约和协定。前者最为典型的例证是1957年《全国人大常委会批准国务院关于劳动教养问题的决定的决议》以及1979年《全国人大常委会批准国务院关于劳动教养的补充规定的决议》。对于后者而言，按照《缔结条约程序法》第7条第2款第（四）项的规定，全国人大常委会有权批准同我国法律有不同规定的条约、协定，《民法通则》《民事诉讼法》《行政诉讼法》等法律当中也有关于条约优先适用的规定，因此，全国人大常委会批准条约的决定也具有了改变法律、形成新的法命题的性质。

三、抽象法命题决定的性质

（一）立法工作者的认知分歧

对于抽象法命题决定的性质，立法工作者之间存在几种不同的理解。第一种理解是某些决定是"立法"，但不是"法律"。如吴邦国委员长在一次立法工作总结中曾指出："1979年初到现在，全国人大及其常委会通过了440多件法律、法律解释和有关法律问题的决定。"[1]全国人大法工委在总结十届人大立法工作时也明确表示："十届全国人大及其常委会在2003年3月至2008年3月的五年任期内，审议和通过宪法修正案1件，法律73件，法律解释5件，有关法律问题的决定

---

〔1〕 吴邦国："加强立法工作，提高立法质量，为形成中国特色社会主义法律体系而奋斗"，载《求是》2004年第3期。

21件。"[1]第二种理解是将决定直接视作法律。如全国人大常委会执法检查组1993年发布的《关于检查〈全国人大常委会关于惩治生产、销售伪劣商品犯罪的决定〉等法律执行情况的报告》便将《关于惩治生产、销售伪劣商品犯罪的决定》与《产品质量法》《药品管理法》并而论之,进而表示:"《决定》等法律的实施初见成效。"第三种理解是模糊化地处理决定与法律的关系。如田纪云副委员长在九届人大一次会议的常委会工作报告中就执法检查问题进行阐述时,便一方面表示"常委会继续把对法律实施情况的检查监督放在与立法同等重要的位置",另一方面强调"人大常委会和各专门委员会先后派出33个执法检查组,对18个法律和决定的执行情况作了检查。"此即首先认定对决定执行情况的检查属于"对法律实施情况的检查",再将"法律"的执行情况和"决定"的执行情况进行区分。2009年《全国人大常委会关于废止部分法律的决定》也延续了类似的做法,在"关于废止部分法律的决定"这一题域下使用了"废止下列法律和有关法律问题的决定"的措辞。

此外,关于"有关法律问题的决定"究竟包含哪些决定类型,立法工作者之间也未形成共识。譬如,对于"有关法律问题的决定"是否包含对法律的立法解释,便存在理解上的分歧。前述吴邦国委员长的立法工作总结区分了法律解释和有关法律问题的决定,全国人大法工委对十届人大立法工作的简述也进行了同样的区分。但乔石委员长在八届人大常委会第五次会议上的讲话则指出:"今年3月八届全国人大一次会议以来,……人大常委会在经济立法方面取得了明显进展,共制定、修改法

---

[1] 全国人大常委会法制工作委员会:"十届全国人大及其常委会五年立法工作简述",载《中国人大》2008年第5期。

律和通过有关法律问题的决定16个。"这16个法律和决定包含了《全国人大常委会关于惩治生产、销售伪劣商品犯罪的决定》这一对刑法的补充规定，[1]而按照1981年《全国人大常委会关于加强法律解释工作的决议》，该规定系属法律、法令条文本身需要作补充规定的广义的法律解释。

（二）法律的判断标准

抽象法命题决定是否是没有被冠之以"××法"之名的实质意义上的法律？对此，有论者认为，判断某一决定是否是法律，标准之一应当是观察该决定是否具有某种实质性特征，即是否具有法的抽象性或一般性，是否可以反复适用而非针对特定问题。[2]但就立法理论在当代的发展而言，应当说这种理解略显抱残守缺。传统大陆法系的立法概念强调法的"一般性"要素，不仅要求法律的制定来源必须是全体公民，而且要求法律的对象也具有一般性，即适用于全体公民；但在当代，伴随着积极国家对公民生活的介入，仅具有个别针对性的"措施法"也开

---

[1] 通过阅读1993年发布的《全部全国人大常委会公报》，可以归纳出这16个法律和有关法律问题的决定分别是《科学技术进步法》《农业法》《农业技术推广法》《反不正当竞争法》《消费者权益保护法》《注册会计师法》《红十字会法》《教师法》《全国人民代表大会常务委员会关于惩治生产、销售伪劣商品犯罪的决定》《全国人民代表大会常务委员会关于外商投资企业和外国企业适用增值税、消费税、营业税等税收暂行条例的决定》《全国人民代表大会常务委员会关于中国人民解放军保卫部门对军队内部发生的刑事案件行使公安机关的侦查、拘留、预审和执行逮捕的职权的决定》《全国人民代表大会常务委员会组成人员守则》《全国人民代表大会常务委员会关于修改〈中华人民共和国经济合同法〉的决定》《全国人民代表大会常务委员会关于修改〈中华人民共和国个人所得税法〉的决定》《全国人民代表大会常务委员会关于修改〈中华人民共和国会计法〉的决定》《全国人民代表大会常务委员会关于加强对法律实施情况检查监督的若干规定》。

[2] 参见王竹："我国到底有多少部现行有效法律———兼论'准法律决定'的合宪性完善"，载《社会科学》2011年第10期；江辉："有关法律问题的决定与法律的区别"，载《人大研究》2012年第1期。

始登场。[1]对此,德国的通说和判例皆认为,只要这种法律不危害权力分立的核心、未严重破坏议会与政府在宪法上的关系、合乎社会国家的原则,便不违反权力分立和平等原则。[2]而在日本,据归纳,也有学者主张应对立法的"一般性"这一要素加以扩展,承认例外地存在对具体事务加以规定的立法,甚至有学者直接从纯粹形式上把握立法的概念,认为所谓的立法就是指立法机关制定的合宪的规范,由此摆脱了立法是否应当具有一般性论争,同时也承认了针对个别事项作出的规定作为立法的属性。[3]可见,从法理上说,即便某一决定当中包含的不是可以反复适用的法命题,而是针对特定对象或特定事项,也不能断然否认其作为立法的属性。况且,某一决定当中所包含的法命题究竟是抽象抑或具体,也不存在客观的判断标准。有论者认为《全国人大常委会关于维护互联网安全的决定》是针对互联网安全这一特定、单一的问题作出的规定,《全国人大常委会关于授权香港特别行政区对深圳湾口岸港方口岸区实施管辖的决定》解决的主要是深圳湾口岸港方口岸区的法律适用这一特定、单一的问题,因而皆不是法律,[4]似乎并不具有说服力。

相比之下,借助形式性标准判断决定的性质,即观察某一决定的制定主体、公布主体和制定程序,似乎更加可靠。首先,就制定主体而言,正如有学者所指出的,鉴于1954年、1975年和1978年《宪法》下全国人大常委会不具有国家立法权,而只

---

[1] 参见[日]樋口阳一:《宪法(改订版)》,创文社1998年版,第331~332页。
[2] 参见[日]芦部信喜著,林来梵等译:《宪法》(第三版),北京大学出版社2006年版,第259~260页。
[3] 参见[日]赤坂正浩:"立法の概念",载《公法研究》2005年第67号。
[4] 参见江辉:"有关法律问题的决定与法律的区别",载《人大研究》2012年第1期。

能制定法令、解释法律，因而 1982 年《宪法》实施之前全国人大常委会的决定和决议均不能被视作法律。[1] 其次，就公布主体而言，1954 年《宪法》和 1982 年《宪法》均规定由国家主席公布法律，因而在 1954 年《宪法》和 1982 年《宪法》实施期间，如果一项决定和决议未经国家主席公布，而是由全国人大常委会自行公布，亦不能被视作法律。再次，就决定的制定程序而言，在 1987 年之前，并无任何规范性文件明确区分立法程序和决定程序。1987 年《全国人大常委会议事规则》第 16 条首次区分了两种程序，即法律草案由法律委员会审议后向下次或者以后的常务委员会会议提出审议结果的报告，而有关法律问题的决定的议案和修改法律的议案则可由法律委员会审议后向本次常务委员会会议提出审议结果的报告。2009 年的《议事规则》延续了这一规定。尤值得瞩目的是，《立法法》对全国人大常委会的立法程序作出了更加严格的规定，对法律案的提出主体、列入常委会议程的程序、常委会审议程序等提出了详细的规范要求。两部《议事规则》和《立法法》均属于立法者的自我拘束，如果一项决定或决议的议案的提出主体不是法律案的提出主体，[2] 或者未经常委会三读审议且不符合《立法法》第 30 条规定的三读程序的例外情形时，[3] 该决定或决议便不可被视作法律。

---

[1] 参见王竹："我国到底有多少部现行有效法律——兼论'准法律决定'的合宪性完善"，载《社会科学》2011 年第 10 期。

[2] 在本文撰写过程中，笔者曾就法律与有关法律问题的决定的区别请教供职于全国人大常委会法制工作委员会的 H 先生。据 H 先生介绍，全国人大常委会有时根据议案的提出主体确定究竟制定法律抑或作出决定、决议。

[3] 《立法法》第 30 条规定："列入常务委员会会议议程的法律案，各方面意见比较一致的，可以经两次常务委员会会议审议后交付表决；调整事项较为单一或者部分修改的法律案，各方面的意见比较一致的，也可以经一次常务委员会会议审议即交付表决。"

(三) 法令、解释法律、修改法律、补充法律、批准条约

即便可以断定部分决定、决议不属于法律,但全国人大常委会的这些决定和决议也并非全无宪法基础。如所周知,1954年、1975年和1978年《宪法》皆赋予全国人大常委会制定法令、解释法律、批准条约的权力,1982年《宪法》虽然不再认可全国人大常委会制定法令,但却授权其制定和修改除应当由全国人民代表大会制定的法律以外的其他法律,以及在全国人民代表大会闭会期间对全国人民代表大会制定的法律进行部分补充和修改。于是,一部分不属于法律的决定和决议也可能寻找到各自的归属。如1954年《宪法》下全国人大常委会批准国务院的决定便被官方认定为行使法令的制定权,[1]《立法法》实施之前对法律的补充性决定可被归入广义或最广义的法律解释,《立法法》实施之后针对全国人大制定的基本法律的补充性决定在宪法上也能够被定位。

四、抽象法命题决定的司法适用

(一) 司法机关的认知状况

虽然立法工作者在抽象法命题决定的性质和范围问题上歧见丛生,且各种决定的性质在法理上不能一概而论,但司法机关却倾向于不追问各种决定在宪法上的性质和依据,而是认为此类决定皆具有某种法规范效力,并加以适用。

譬如,包括最高人民法院在内的若干法院判决皆以2005年《全国人大常委会关于司法鉴定管理问题的决定》作为说理

---

[1] 参见《全国人民代表大会常务委员会的工作报告》(1963年11月14日第二届全国人民代表大会常务委员会第一〇八次会议通过)。林彦敏锐地洞察到,1959年之前全国人大常委会对于法令的外延的认识并未如此宽泛,而是区分自身制定的规范和其所批准的其他主体制定的规范,前者被认为是法令,后者则非。参见林彦:"劳动教养是法定制度吗?——兼论立法体制的宪法构建",载《交大法学》2014年第3期。

依据。[1]然而按照先前的分析,该决定因缺乏主席公布的要件而不能被认为是法律,又因制定于《立法法》生效之后而不能被认为是法律解释,适用该决定的前提是能够为其寻找到适当的宪制基础,但法院并未对此加以探究。[2]

《全国人大常委会关于维护互联网安全的决定》也经常被法院作为刑事或民事案件的裁判依据。[3]由于该决定未经国家主席公布,因而至多只能作为立法解释予以适用。该决定虽然旨在明确特定行为的法律适用,符合《立法法》规定的立法解释的情形,然而鉴于其颁布迟于《立法法》生效,因而在判断其是否属于立法解释从而具有可适用性时,本应观察决定的作出是否遵循了《立法法》所规定的立法解释程序,但法院的判决也未体现这一点。

全国人大常委会批准其他主体制定的规范性文件的决定也被法院作为裁判的依据。在"李泉俊与长沙市劳动教养管理委员会强制上诉案"中,长沙市中级人民法院便认定,国务院

---

〔1〕 参见新疆凯涟捷石化有限公司与四川省化工建设总公司建设工程施工合同纠纷再审案,(2012)民申字第464号,【法宝引证码】CLI.C.2134831;江苏南通三建集团有限公司与莱州市开发建设总公司建设工程质量纠纷案,(2011)民申字第987号,【法宝引证码】CLI.C.2228922;嘉吉生化有限公司与沈阳佳鹤水处理工程有限公司买卖合同纠纷再审案,(2013)民申字第757号,【法宝引证码】CLI.C.2228352;阜新市和美工程机械有限公司与铜陵华磊商品混凝土有限责任公司产品责任纠纷申请案,(2013)民申字第908号,【法宝引证码】CLI.C.2227540。

〔2〕 应当承认,诸如《关于司法鉴定管理问题的规定》等决定在现实当中或许也着实扮演着重要的角色,司法机关予以适用也确实有现实必要性。但本文所探讨的是法治语境下的规范适用问题,以严格的法律形式确立此类决定当中所规定的重要制度,则是笔者的期待。

〔3〕 参见宋某某非法经营案,(2014)宝刑初字第186号,【法宝引证码】CLI.C.2386180;曾智峰、杨医男盗卖QQ号码侵犯通信自由案,(2006)深南法刑初字第56号,【法宝引证码】CLI.C.86270;陈某某与杭州博客信息技术有限公司名誉权纠纷上诉案,(2006)宁民一终字第1421号。【法宝引证码】CLI.C.1436674。

《关于劳动教养问题的决定》和《关于劳动教养的补充规定》"虽然不是全国人大及其常委会颁布的法律,但都是经过全国人大常委会批准的法律文件,"[1]这便是间接地适用了全国人大常委会1957年和1979年的两次相关批准性决定。但在1982年《宪法》下,这两次批准性决定的依据何在,是否仍具有可适用性,法院亦未探讨。

有时法院会将某一抽象法命题决定直接认定为法律。在"张爱与ForexSigns,Inc.（美国汇盛公司）合同纠纷再审案"当中,最高法院便明示:"《全国人民代表大会常务委员会关于惩治骗购外汇、逃汇和非法买卖外汇犯罪的决定》和《中华人民共和国外汇管理条例》等法律和行政法规均禁止非法买卖外汇。"[2]至于这一1998年颁布实施的决定究竟是否遵循了1987年《议事规则》当中关于法律草案审议结果报告的程序性规定,最高法院在判决中也并未深究。除具体案件当中的适用决定的状况外,另一个值得注意的现象是,最高人民检察院和最高人民法院曾以司法解释的方式对相关决定作出解释,如最高人民法院、最高人民检察院1992年联合发布的《关于执行〈全国人民代表大会常务委员会关于严禁卖淫嫖娼的决定〉的若干问题的解答》以及最高人民法院1994年发布的《关于执行〈全国人民代表大会常务委员会关于禁毒的决定〉的若干问题的解释》便是适例。前者虽冠之以"解答"之名,而未采用当前司法解释所使用的"解释""批复"或"规定"等名称,但当时司法解释的名称尚不规范,最高人民法院也尚未通过《关于司法解

---

[1] 李泉俊与长沙市劳动教养管理委员会强制上诉案,（2009）长中行终字第0061号,【法宝引证码】CLI.C.1291127。

[2] 张爱与ForexSigns,Inc.（美国汇盛公司）合同纠纷再审案,（2013）民申字第41号。【法宝引证码】CLI.C.92673。

释工作的若干规定》予以统一；后者虽然采用了"法发"的文号，[1]而非当前司法解释所使用的"法释"文号，但也应注意到彼时的司法解释皆未采取"法释"文号。[2]即是说，此类文件在性质上的确属于司法解释，全国人大常委会的相应决定也的确被最高人民检察院和最高人民法院视作法律。

（二）抽象法命题决定之司法适用的应然状态

不加甄别地适用所有带有抽象法命题性质的决定，在现行宪制安排下并不可取。如果作出某一决定遵循了《立法法》和《议事规则》所规定的立法程序，则司法机关可以将其视为实质意义上的法律，并以适用法律的方式予以适用；如果某一决定的作出遵循的并不是立法程序，则应根据不同情况确定其可适用性。

概而言之，如果某一抽象法命题决定虽未遵循立法程序，但符合下列情形之一，则仍具可适用性：

第一，由于全国人大常委会的立法权与法律解释权在宪法上本身便是两种不同性质的职权，《立法法》也区分了全国人大常委会的立法程序和法律解释程序，因而如果一项决定可以被认为是对法律的解释，则司法机关可予以适用。[3]《立法法》

---

[1] 法发［1994］30号。

[2] 笔者查阅到的最早适用"法释"文号的司法解释是1997年发布的《最高人民法院关于城市街道办事处是否应当独立承担民事责任的批复》（法释［1997］1号）。

[3] 值得注意的是，在刑法领域，全国人大常委会的立法解释权受到了批评。张明楷教授即指出，人们对立法解释的需求源于自身解释能力的局限，担忧自身的解释可能因超出了刑法用语而沦为类推解释，此时要求立法机关予以解释，实际上是期待将类推解释合法化，而这将对罪刑法定原则构成挑战。参见张明楷："立法解释的疑问——以刑法立法解释为中心"，载《清华法学》2007年第1期。如果罪刑法定原则可被解释为具有宪法的位阶，那么在刑法领域立法解释机能的膨胀的状况下，适用解释性决定的宪法风险也应当被充分考虑。关于罪刑法定原则的宪法渊源，参见陈鹏："刑法'有利溯及之例外'条款的合宪性限定解释——基于牛玉强案的思考"，载《法学家》2012年第4期。

实施之前的补充性决定也可被纳入广义或最广义的法律解释的范畴,从而也具有可适用性。

第二,修改法律的决定实际上是形成新的立法判断以替换先前的立法判断,因而理论上也应遵循立法程序,《立法法》第59条第1款也确认了这一点。[1]虽然1987年和2009年的两部《议事规则》区分了法律草案和法律修改议案审查结果报告的提出程序,并为前者设定了刚性的最短审查时限,但此种区分无非是为了使全国人大相关专门委员会更为慎重地审查创设性立法,况且《立法法》并未对此一程序加以规定,因而修改性决定在这一方面与法律的制定程序存在差别,并不影响其可适用性。修改性决定与新的法律文本的生成具有密切关联,若法院应当以适用原法律的方式适用修改后的法律,那么在判决书当中援引修改性决定本身也就不应被质疑。实践中,法院也时常在说理部分援引此类决定。[2]

第三,《立法法》实施之后的补充性决定虽不可被认作法律解释,但鉴于《宪法》第67条第(三)项授权全国人大常委会对全国人民代表大会制定的法律进行部分补充和修改,可以说补充性决定与修改性决定具有规范上的亲缘性。如果补充性决定遵循了修改性决定的程序,也可被视作可适用的法规范。

第四,作为一种消极的立法行为,废止性决定似乎也应全盘遵循立法程序,但《宪法》第67条第(一)项授予全国人大常委会宪法监督权,第(七)、(八)项授权全国人大常委会撤销与宪法和上位法相抵触的行政法规、地方性法规、决定、命

---

〔1〕 该款规定:"法律的修改和废止程序,适用本章的有关规定。"
〔2〕 林珠俤等与林秀贞等赠与纠纷申请案,(2014)榕民申字第8号,【法宝引证码】CLI.C.2601877;广西柳州地区日用杂品公司与柳州市天兆商贸有限责任公司借款合同纠纷执行异议案,(2011)柳市执异字第1号,【法宝引证码】CLI.C.434047。

令和决议，因而当法律、行政法规、地方性法规等规范性文件违反宪法或违反上位法时，全国人大常委会的撤销决定便是立足于宪法所特别授予的监督权，[1]而无须遵循立法程序，司法机关适用此一撤销决定也是妥当的。

第五，全国人大常委会批准国际条约和协定的决定的规范依据是《宪法》第67条第（十四）项，如果司法机关能够适用业经批准的国际条约和协定，则适用此类批准性决定亦无问题，只是实践中鲜有法院在判决当中予以援引。

如果全国人大常委会的抽象法命题决定属于下列情形，则不具有可适用性：

第一，如果某一决定未遵循立法程序，且创设了与既存法律无关的新的权利义务，则该决定便可被视为存在程序瑕疵的实质意义上的立法，从而不应被司法机关所适用。

第二，由于全国人大常委会在《立法法》实施之后作出的补充性决定已经不再属于法律解释，因而若其既未遵循立法程序，又未遵循法律修改的程序，则此种决定便不属于司法机关应予适用的法规范。

第三，如果全国人大常委会作出废止性决定的原因是规范性文件不合乎时代要求，而非规范性文件违反宪法或上位法，则其实际上是形成一个新的立法判断，此种立法判断在宪法上没有特别的根据，而是仍然立足于全国人大常委会的立法权，因而也应采取与立法相同的程序，否则至少在规范层面上，司法机关适用此类废止性决定难言妥当。对于此种情形，可能存在这样的反对意见：《全国人大常委会关于废止有关劳动教养法

---

[1] 当然，目前尚不存在全国人大常委会审查并撤销违宪法律的制度安排，《立法法》《监督法》《行政法规、地方性法规、自治条例和单行条例、经济特区法规备案审查工作程序》所确立的规范性文件备案审查机制也不及于对法律的备案审查。

律规定的决定》实际上有助于保障公民的基本权利,但全国人大常委会和有关工作者均未明示劳教制度的废除是基于这一宪法考虑,[1]因而也不能将该决定视作撤销违宪规范性文件的决定,如此一来,若因该决定的作出存在程序性瑕疵便不予适用,结果将是荒谬的。然而应当强调的是,不适用未采取立法程序的废止性决定,其前提是全国人大常委会废止规范性文件的立法判断取代了原本即合宪合法的旧立法判断,如果某一决定针对的是本身存在合宪性或合法性疑问的规范性文件,[2]则无论相关废止性决定在外观上呈现出何种废止原因,皆应被认为是全国人大行使特别监督权的结果,从而应当由司法机关加以适用。

第四,全国人大常委会批准其他主体制定的规范性文件的决定在1982年《宪法》实施前或许还能够获得"法令"的地位,但1982年《宪法》对全国人大常委会立法权的重新塑造动摇了此类决定的宪制根基,从而也影响了此类决定的可适用性。如所周知,在1982年《宪法》的一部讨论稿当中曾拟规定全国人大及其常委会皆有权制定"法律"和"法令",并拟明确示意在一定限期内有效的命令、决议和其他文件统称法令,法令具有同法律同等的约束力。[3]但最终通过的宪法文本并未赋予全国人大及其常委会法令的制定权,如此一来,尽管对于法律

---

[1] 依照公安部副部长杨焕宁在十二届全国人大常委会六次会议上的说明,废止劳动教养的原因在于其"历史作用已经完成",参见张维炜:"劳教依法废止",载《中国人大》2014年第1期。

[2] 对于涉及劳动教养的规范性文件之合宪性、合法性的质疑,参见林彦:"劳动教养是法定制度吗?——兼论立法体制的宪法构建",载《交大法学》2014年第3期。

[3] 参见许崇德:《中华人民共和国宪法史》(下卷),福建人民出版社2005年版,第391页。

与法令之间是否存在包含与被包含的关系尚未有定论，但长期附骥于法令制定权之上的规范性文件批准权的根基已不再像先前那样稳固。再者，在法律、行政法规、地方性法规并存的多元立法格局下，除《宪法》明确规定民族自治地方的自治条例和单行条例需要经上级人大常委会批准之外，[1]并不存在全国人大常委会事先批准另一机关制定的规范性文件的制度空间。

五、追问：抽象法命题决定何以呈现"法相"

将全国人大常委会制定的全部抽象法命题决定都视作某种法规范，甚至将其等同于全国人大常委会制定的法律，从规范角度观察，定然不妥。然而无论在立法抑或司法实践层面，全国人大常委会的抽象法命题决定皆呈现着某种法规范的面相。由此值得追问的是，哪些因素导致了全国人大常委会抽象法命题决定的勃兴，从而助成了这种规范和现实之间的反差？

1. 应对转型期宪法"授权赤字"而形成的历史惯性

新中国成立初期面临着大规模立法的需求，废除国民党政府六法之后的法秩序空白需要尽快填补，政治和社会结构的转型也需要立法予以塑造。刘少奇在中共八大上的政治报告即指出："我们目前在国家工作中的迫切任务之一，是着手系统地制定比较完备的法律，健全我们国家的法制"。[2]然而，1954年《宪法》的立法权配置导致这一任务难以及时完成。1954年

---

[1]《宪法》第116条规定："民族自治地方的人民代表大会有权依照当地民族的政治、经济和文化的特点，制定自治条例和单行条例。自治区的自治条例和单行条例，报全国人民代表大会常务委员会批准后生效。自治州、自治县的自治条例和单行条例，报省或者自治区的人民代表大会常务委员会批准后生效，并报全国人民代表大会常务委员会备案。"

[2] 刘少奇："在中国共产党第八次全国代表大会上的政治报告"，载《刘少奇选集》（下卷），人民出版社1985年版，第253页。

《宪法》实行的是中央高度集权的立法体制，[1]全国人大是掌握国家立法权的唯一机关，全国人大常委会只能制定法令，不能制定法律。[2]由于全国人大不具备经常召集、适时立法的条件，因而时代对于立法的需求便很难被满足。1954年《宪法》颁布伊始，全国人大常委会先后以"条例"之名制定了一系列规范性文件，[3]这些规范性文件的合法性来源只能是彼时宪法所授予的法令制定权。但法令与法律的区别究竟何在，制定这些规范性文件的活动是否构成职权的僭越，委实难以澄清。[4]或许是意识到1954年《宪法》的"授权赤字"不适当地限制了全国人大常委会的行动能力，1955年一届全国人大二次会议通过了《关于授权常务委员会制定单行法规的决议》，该决定以1954年《宪法》第31条第（十九）项为基础，将授予全国人大常委会的单行法规立法权定位于"全国人民代表大会授予的其他职权"。自此之后，全国人大常委会虽然以"决定"之名制定了一些涉及相对具体的问题的规范性文件，[5]却并未将制定决定的权

---

[1] 参见周旺生："中国立法五十年（上）——1949~1999年中国立法检视"，载《法制与社会发展》2000年第5期。

[2] 值得注意的是，1954年《宪法》制定期间，毛泽东所预想的国家权力配置格局是将权力集中于全国人大常委会，而非全国人大。他表示："我们和帝国主义国家不同，我们是把权力主要放在全国人民代表大会常务委员会，政府是它的执行机关。""就是要集中权力，要能灵活使用。遇到紧急关头，别人打进来了，常务委员会就可以决定问题，无需等着开全国人民代表大会。"参见许崇德：《中华人民共和国宪法史》（上卷），福建人民出版社2005年版，第142页。

[3] 如《公安派出所组织条例》（1954）、《城市街道办事处组织条例》（1954）、《华侨申请使用国有的荒山荒地条例》（1955）等。

[4] 一个佐证是，2009年《全国人民代表大会常务委员会关于废止部分法律的决定》便以上述三个条例为对象，可见将条例视作法律也并无不可。

[5] 如《关于处理违法的图书杂志的决定》（1955）、《全国人民代表大会常务委员会关于被剥夺政治权利的人可否充当辩护人的决定》（1956）、《全国人民代表大会常务委员会关于不公开进行审理的案件的决定》（1956）、《全国人民代表大会常务委员会关于增加农业生产合作社社员自留地的决定》（1957）等。

力来源诉诸全国人大1955年的授权。如在1957年的工作报告中，全国人大常委会仍然将同年制定的《关于增加农业生产合作社社员自留地的决定》与《人民警察条例》等一起视作法令。[1]

1978年之后的社会转型再次呼唤立法者的积极行动，这一阶段对于立法的需求的旺盛程度不亚于新中国成立初期。而1978年《宪法》延续1954年、1975年《宪法》未授予全国人大常委会法律制定权的做法也再次不敷所用，此时全国人大常委会的采取应对方式是包括突破宪法的规定制定法律、[2]自行制定具有法规范属性的决定、[3]就国务院等部门制定的规范性文件作出批准性决定，[4]其中后两种应对方式也是1954年《宪法》下全国人大常委会所惯常采取的措施。

为了回应立法需求，1982年《宪法》授予全国人大常委会有限的国家立法权和法律的补充修改权，保留其法律解释权和条约批准权，取消其法令制定权。此时，全国人大常委会先前作出的决定如果不能被归入法律、对法律的补充修改、对法律的解释或对条约的批准，便不能相容于1982年《宪法》的授权框架。当然，宪法秩序的变动并不意味着既有法规范体系的全面崩溃，从比较法角度观察，一些国家的宪法也对已有的法规范是否继续有效加以明示，[5]但对于既存的这些决定，1982年《宪法》并未明确其地位，同时，全国人大常委会也没有立即全盘废止或制定法律予以替代，毕竟彼时对立法的需求仍然大于

---

[1] 参见彭真：《全国人民代表大会常务委员会工作报告》（1957年6月28日全国人民代表大会常务委员会第七十七次会议通过）。

[2] 如所周知，在这一阶段，全国人大常委会制定了《环境保护法（试行）》《民事诉讼法（试行）》等11部法律。

[3] 如《全国人民代表大会常务委员会关于加强法律解释工作的决议》（1981）。

[4] 如批准国务院《关于劳动教养的补充规定》（1979）。

[5] 如《德国基本法》第143条第1款、第2款。

"废法"。虽然 1982 年之后全国人大常委会有时以制定法律的名义颁布决定,〔1〕但其在《宪法》第 67 条所罗列的权限之外仍得制定具有法规范效力的决定这一印象似乎仍时隐时现,各种决定在社会转型期所发挥的作用之显著也强化了这种印象。直至 1987 年的《议事规则》以"有关法律问题的决定"一揽子概括除法律修改决定之外的所有抽象法命题决定之时,这种印象便以文本为载体被固化了下来,两部《议事规则》和《立法法》对制定法律、解释法律、修改法律的条件和程序的设计都无法阻挡各种抽象法命题决定发挥事实上的拘束力。

总体而言,由于 1954 年《宪法》和 1978 年《宪法》并未确保全国人大常委会有能力满足转型社会对立法的需求,全国人大常委会不得不模糊化地处理其已被授予的职权与未被授予的法律制定权之间的界分,继而依靠各种"法外"决定塑造转型中国的法秩序。这样一来,抽象法命题决定的勃兴与其属性不明的状况一起经过了历史长河的涤荡,又依凭惯性航行至今。

2. 积极慎重的立法理念的效应

尽管 1949 年以来中国社会的两次重大转型皆需要立法者的积极回应,但毕竟兹事体大,处于探索期的立法者自然倾向于谨慎地处理社会需求与立法的关系。彭真在担任六届人大常委会委员长时即言:

"法律的制定只能随着实践经验的成熟逐步走向完备,不能匆忙,不能草率从事,也不能主观片面地贪多求全,……我们要根据实际的需要和可能,有计划有步骤地进行立法工作,做

---

〔1〕 如《全国人大常委会关于严惩严重危害社会治安的犯罪分子的决定》(1983)的草案便被称作"法律案"。参见王汉斌:《关于修改"人民法院组织法""人民检察院组织法"的决定和"关于严惩严重危害社会治安的犯罪分子的决定"等几个法律案的说明》(在六届人大二次会议上的报告)。

到既积极又慎重,以保持法律的严肃性和稳定性。"[1]

在积极立法的理念作用下,作为立法者的全国人大及其常委会需要采取行动以塑造法秩序;而出于慎重立法的考虑,立法者又不得不克制立法冲动,避免其所制定法律因不够周全而致朝令夕改。这样一来,在秉持积极慎重的立法理念的基础上"有步骤"地立法,有时便被立法工作者理解为作出有关法律问题的决定。如时任九届全国人大常委会委员长的李鹏便曾在一次委员长会议上提出:"综合性法律一时难以出台时,可先制定单项法或做出有关法律决定。"[2]这或许也能够解释为何全国人大常委会时常以抽象法命题决定代替立法。

尽管全国人大常委会制定的不是"××法",而是包含着抽象法命题的决定,但其所设想的仍然是一种可以调整社会秩序的法规范。无论是哪一类别的决定,其中都隐含了要求决定所规范的对象予以遵守的意味,作为规范执行的重要一环,司法机关自然也在规范对象之列。

3. 全国人大常委会的复合权力结构

在立宪主义潮流的催动下,多数国家宪法所确立的立法机关通常是代议机关,我国也不例外。但是,具有代议机关性质的全国人大常委会却并不仅仅是立法机关,而是被宪法赋予了复合的权力,从而在理论上形成了立法权与决定权、人事权、监督权并立的职权格局。然而以"决定权"概括全国人大常委会的多种职权,却不经意间掩盖了其不能凭借行使决定权回避

---

[1] 彭真:"在第六届全国人民代表大会第一次会议上的讲话",载《彭真文选》,人民出版社1991年版,第476~477页。

[2] 李鹏:《立法与监督——李鹏人大日记》(上),新华出版社2006年版,第304页。

立法程序、修法程序和法律解释程序的规范状态。究其根源，或许正是由于这种复合权力结构的复杂性致使理论界和实务界长期以来未能准确把握各种职权的相互间界限，进而使不遵从立法程序、修法程序和法律解释程序的抽象法命题决定获得了外观上的合法性，抽象法命题决定蓬勃发展并被司法机关不加甄别地作为法规范加以适用，也就难以避免。[1]

4. 司法条件的局限

要求司法机关放弃适用那些因程序上存在瑕疵而导致实定法依据不足的抽象法命题决定，在当前看来的确是过度的期待。司法机关之所以倾向于将全国人大常委会的抽象法命题决定视作某种可适用的法规范，甚至直接视作法律并予以适用，一个重要的原因当然在于包括最高人民法院、最高人民检察院在内的司法机关受人民代表大会监督、对人民代表大会负责，不得凌驾于人民代表大会之上。但即便搁置这一因素，在当前的司法条件下，要求司法机关甄别各种决定的类别，从而确定其可适用性，也是极为困难的。对于多数法院尤其是基层法院来说，查明某一决定是否经过国家主席公布或许较为容易；但若要查明某一决定是否经过了三读程序，查明法律委员会曾经将某一决定草案的审议报告向哪一次常委会会议提出，恐绝非易事。要求当事人就此举证也不可行，当事人在立法程序问题上通常

---

[1] 美国法上的情形与此形成对照。在合众国诉查达案中，美国联邦最高法院判示仅有国会一院作出的"立法否决（legislative veto）"决定违宪，理由是立法否决决定具有立法的性质，因而必须严格遵守两院制立法的程序，不采取两院制立法程序的四种决定程序均已在美国宪法第 1 条和第 2 条明确予以列举。参见 INS v. Chadha, 462 U. S. 919 (1983)。最高法院的这一判决之所以能够立足，原因或许正在于美国宪法将国会主要定位为立法机关，而我国宪法对全国人大常委会的定位却并不这么单一，因而也无法如此简单地认定全国人大常委会的决定程序是否有宪法依据。

不具备比司法机关更高超的调查能力，因而司法机关仍然不得不推定某决定具备规范层面的可适用性。

六、代结语：从实用主义到法治主义的立法观

或许任何人都无法预见到中国社会半个世纪以来剧烈而深刻的变革，制宪者也不例外。由于前三部宪法设想的全国人大"本会议中心主义"遇到了来自现实的挑战，全国人大常委会不得不借助法律之外的决定和决议完成时代所交予的实质立法任务。1982年《宪法》虽然在一定程度上将全国人大的职权重心从本会议向常委会转移，但并未根本上解决政治体制转型的历史遗留问题。既然已有的决定和决议在新宪法秩序下没有被明确否定，并且作出各种决定和决议对于填补转型社会的法秩序空白仍然具有积极意义，追问各类决定和决议的宪法基础以及司法适用的可能性在当时看来似乎便有些不合时宜了。

或许应当承认，过分苛责历史并不是科学的态度，"同情之理解"才是面对过往时所应秉持的立场。因此，可以说全国人大常委会抽象法命题决定的勃兴是半个世纪以来实用主义立法观的映照，而从实用主义的立场出发制定法规范，也的确是应对社会迅猛变革的一条可由之路。但是，在经历了白手起家、筚路蓝缕的六十年之后，随着法律体系日臻完整，立法者不宜继续将实用性作为制定法规范、填补法秩序空白的最高准则，而是应当在宪法的授权框架中采取行动，以法治主义为准则考量各种规范制定活动的宪法依据，以《宪法》《立法法》《议事规则》所认可的法规范制定程序为法秩序查漏补缺。唯有立法者成为守法的典范，良法之治方能成为可期许的目标。

设区的市开始立法的确定与筹备

——以《立法法》第72条第4款为中心[1]

郑 磊[2]

摘要：设区的市扩容立法，是《立法法》修改的一大亮点，其方案是"新市均沾、旧市削藩"。《立法法》2015年修改后14个月，各省、自治区人大常委会已经确定232个设区的市可以开始立法，赋予其关于设区的市开始立法的"具体步骤和时间"的确定阀门并未获得严格掌控；毕竟，设区的市的立法资格始于《立法法》修改的赋权。《立法法》第72条第4款兼具"确定与筹备条款"的双重功能，其所蕴含的"积极稳妥"内涵，还包含着对两类主体的规范要求：设区的市在付诸立法实践前的筹备工作中如何提高立法能力，省、自治

---

[1] 原载郑磊："设区的市开始立法的确定与筹备——以《立法法》第72条第4款为中心的分析"，载《学习与探索》2016年第7期。发表时略有删改。

[2] 作者简介：郑磊（1979—），男，法学博士，浙江大学光华法学院副教授，2011计划司法文明协同创新中心研究人员，从事宪法学与行政法学研究。

基金项目：本成果系2014年度司法部国家法治与法学理论研究项目"'较大的市'扩容立法研究"（批准编号：14SFB3009）成果。

浙江大学硕士研究生王友健对本文八个图示的制作、更新及其数据的收集、统计与更新，根据笔者的指导，做出了高效的基础性工作，在此鸣谢。

区人大常委会如何通过组织准备和方案准备保障设区的市立法能力的提高。除此之外，不排除由此激活地方立法审查机制的可能，如此，设区的市扩容立法反而将倒逼立法质量的提高。

关键词：立法法　设区的市　地方立法　备案审查

一、引论：《立法法》第 72 条第 4 款的双重规范功能

设区的市扩容立法，是《立法法》2015 年修改的一大亮点，在既有立法体制不做实质性修改的前提下已是一项重大的完善举措。[1]市级地方立法主体格局，从原来特例式散点分布的"较大的市"立法格局全面拓展为普遍性面状分布的设区的市立法格局；立法资格的赋予方式，从计划经济式的特权赋予转化为平等赋予式的权利授予。这是全面深化改革开放时期回应地方经济社会发展所对应的立法资格需求，对市级地方立法资源进行普惠式的重新布局，"新市均沾、旧市削藩"是这次布局所体现的现象

---

〔1〕 如李建国副委员长在三审稿草案说明中所言："这一次修改立法法是部分修改，不是全面修改。"（李建国：《关于〈中华人民共和国立法法修正案（草案）〉的说明——2015 年 3 月 8 日在第十二届全国人民代表大会第三次会议上》）

部分修改意味着：立法体制在此次修改中不会出现实质性修改。不少学者关于这次修改的内容重点的判断印证了这一点。例如，徐向华、林彦教授通过对修改内容结构分布统计分析指出：立法程序部分修改的条文数占修改条文总数的 60%，"显而易见，立法程序是本次修改的重点领域"。见徐向华、林彦："《立法法》修正案评析"，载《交大法学》2015 年第 4 期。与此不同，苗连营教授认为，此次立法法修改的重点在于完善立法监督制度。见苗连营："立法法重心的位移：从权限划分到立法监督"，载《学术交流》2015 年第 4 期。全国人大常委会法工委国家法室主任武增则指出，立法法修改的重点包括三个方面，"完善立法体制"是其中之一，另外两个方面是"健全科学立法、民主立法的机制与程序"以及"维护法制统一"。见武增："2015 年《立法法》修改背景和主要内容解读"，载《中国法律评论》2015 年第 1 期。

特点，[1]这在一定程度上回应了市级地方的自治需求，[2]并将有利于市级人大及其常委会有效地参与地方政治决策过程。

市级地方立法主体数量，从先前49个到322个的拓展幅度（截至2016年4月30日），[3]使得设区的市开始立法的扩容进度成为扩容实践中的一个关键问题。为"积极稳妥"地应对"设区的市数量较多，地区差异较大"[4]的情况以及因准备不充分而冒进立法所带来的立法质量下降现象，《立法法》第72条第4款对其他设区的市开始立法设置了"具体步骤和时间"的关卡，并将进度控制权授权给"省、自治区的人大常委会"。然而，全国人大常委会法工委官方统计显示，截至2016年1月31日，"新赋予地方立法权的271个地方中"，209个已由省、自治区人大常委会确定可以开始立法，占比77.1%；[5]新华社2016年3月的报

---

[1] 所谓"新市均沾"，是指市级地方立法从原有的49个"较大的市"所特有拓展为其他设区的市也平等地享有。所谓"旧市削藩"，是指原有的49个"较大的市"原先同省级地方立法主体相同的立法权限被限缩为同其他设区的市相同的"城乡建设与管理、环境保护、历史文化保护等方面的事项"，而没有保留"老市老办法"的特权。

[2] 从回应地方自治需求角度审视设区的市扩容立法，参见，例如，秦前红、李少文："地方立法权扩张的因应之策"，载《法学》2015年第7期。

[3] 截至2016年4月30日，322个市级地方立法主体包括：2015年3月15日《关于修改〈中华人民共和国立法法〉的决定》通过时已有的284个设区的市与自治州30个、"比照适用本决定有关赋予设区的市地方立法权的规定"的4个不设区的地级市，以及2015年3月撤地设市的西藏自治区林芝市和新疆维吾尔自治区吐鲁番市，2016年1月撤地设市的新疆维吾尔自治区哈密市和西藏自治区山南市。为行文简洁，文中"设区的市"若无特别说明，概称这322个市级地方立法主体。

[4] 李建国：《关于〈中华人民共和国立法法修正案（草案）〉的说明——2015年3月8日在第十二届全国人民代表大会第三次会议上》。

[5] 陈菲："立法法修改实施一年 209个地方获行使立法权"，来源：http://news.xinhuanet.com/2016-03/02/c_1118215814.htm，最后访问时间：2016年3月15日。张璁："地方立法周年 各地如何兑现"，载《人民日报》2016年3月2日，第17版。两个报道中，"新赋予地方立法权的271个设区的市"没有将2016年1月撤地设市的新疆哈密市和西藏山南市计入。

道甚至预测,"预计到今年上半年,将全部完成批准任务。"[1]可见,各省、自治区人大常委会一年来确定设区的市开始立法的实践,总体上并没有体现出《立法法》所要求的有步骤、分时间积极稳妥推进的进度要求,而是呈现出蜂拥井喷态势和预期。

随着省、自治区人大常委会对设区的市开始立法确权工作的基本完成乃至完成,《立法法》第72条第4款"具体步骤和时间"的要求是否作为过渡性条款而完成其历史使命?笔者认为,该款的规范范围不仅仅及于条文中明确列举的省、自治区人大常委会的确权行为,其所蕴含的"积极稳妥"内涵同时也是对已确定可以开始地方立法的设区的市开展立法活动的规范要求。简而言之,该款不仅仅是一个"开始立法确定条款",而是具有"确定与筹备条款"的双重功能。在这个规范范围的意义上,笔者拟首先从《立法法》修改一年以来确认实践入手,探讨省级人大常委对设区的市开始立法确定权的性质,进而探讨"积极稳妥"要求所包含的对确定工作完成后的确认对象(开始立法的设区的市)和确认主体(省、自治区人大常委会)的规范要求,在此之外,"积极稳妥"效果的实现,除了新立法主体立法的"开始"要求之外,激活全国人大常委会以及省、自治区人大常委会的规范性文件审查工作是设区的市开始立法配套机制中的关键之处。

二、设区的市开始立法确定权的实践与性质

尽管《立法法》修改三审过程中,诸多论者表达了赋予地方立法权"不宜操之过急"的担忧,[2]《立法法》修改还是采

---

[1] 陈菲:"立法法修改实施一年209个地方获行使立法权",来源:http://news.xinhuanet.com/2016-03/02/c_1118215814.htm,最后访问时间:2016年3月15日。

[2] 参见,例如,秦前红:"地方立法主体扩容不宜操之过急",载《南方都市报》2014年8月27日,第A23版。

用了"新市均沾"式的普遍扩容方案，但同时在《立法法》第72条第4款也设置了"具体步骤和时间"的进度要求。张德江委员长在2015年9月仍为此而强调：要落实好《立法法》的规定，扎实推进赋予设区的市地方立法权工作，标准不能降低，底线不能突破，坚持"成熟一个、确定一个"，确保立法质量。[1]然而，此进度要求仍然湮灭在《立法法》修改后实施一年来的省、自治区人大常委会确定设区的市开始立法的实践中，这与此项确定权的属性密切相关。

（一）《立法法》修改后一年中省级人大常委会的确权实践

在全国人大常委会法工委统计的截至2016年1月31日209个设区的市已被确定可以开始立法的数据基础上，笔者将数据更新至2016年4月30日。2月至4月，各省、自治区人大常委会新增确定开始立法的设区的市23个，至此总计232个，设区的市总量因新疆哈密和西藏山南于2016年1月撤地设市增至322个。[2]笔者逐个收集了各省、自治区人大常委会先后通过的"确定设区的市开始立法的决定"（以下简称"确定开始立法决定"），根据"确定开始立法决定"通过时间、分批次数与时间间隔、决定颁布到所确定的开始立法时点的时间间隔等要素进行了统计分析，各省、自治区设区的市开始立法工作明显地体现出如下特征：蜂拥确权、不分批确权、短间隔可以开始立法。

1. 蜂拥确权

截至2016年4月30日，273个开始立法需要确定的设区的

---

〔1〕 参见张德江在"第二十一次全国地方立法研讨会"上的讲话，资料来源：http://news.ifeng.com/a/20150907/44600833_0.shtml，最后访问时间：2016年5月31日。

〔2〕 参见民政部"2016年行政区划调整公告（4）""2016年行政区划调整公告（5）"，资料来源：http://www.mca.gov.cn/article/yw/qhdm/qhgl/，最后访问时间：2016年5月31日。

市中，仅剩41个尚未获得确定（占322个设区的市的12.7%），它们中，有20个是自治州（占30个的66.7%），而"其他设区的市"仅有21个尚未获得可以开始立法的确定（占239个的8.8%），4个不设区的地级市已全部获得可以开始立法的确定。从省份来看，27个省、自治区中，仅有黑龙江、青海2省尚未作出"确定开始立法决定"。

从各省、自治区人大常委会通过首个"确定开始立法决定"的时间来看，2015年3月15日《关于修改〈中华人民共和国立法法〉的决定》甫一通过，5月份各省级人大常委会上，就已经先后出现安徽、海南、广东3省确定决定16个设区的市可以开始立法。如图1所示，至9月，《立法法》修改后半年，27个省、自治区中过半（15个）已通过首个"确定开始立法决定"。

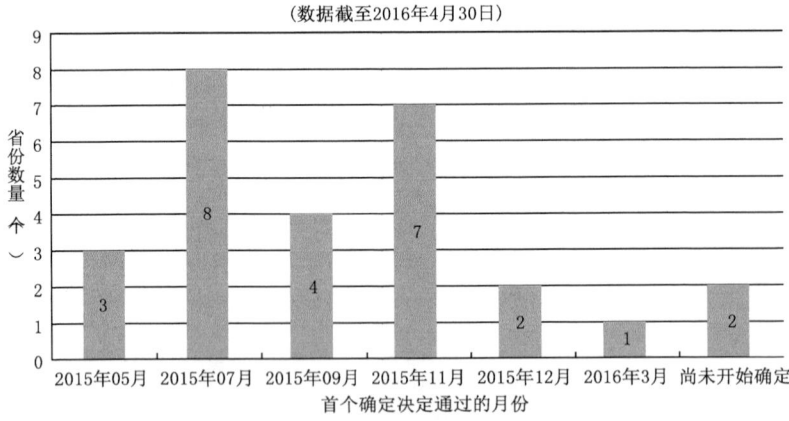

图1 各省级人大常委会通过首个"确定开始立法决定"的月份-省份数量柱状图

从各设区的市被确定可以开始立法的时间来看，2015年5月即《立法法》修改后各省级人大常委会的第一个会议期一过，在第二个会议期7月，获得确定的设区的市数量达到峰值63个

（占需要获得确认的设区的市总数 273 个的 23%），连同 9 月、11 月，这三个会议期，设区的市可以开始立法获得确认处于高峰期，每次增加的可以开始立法的设区的市数量都约为需确认的设区的市总数的两成左右。

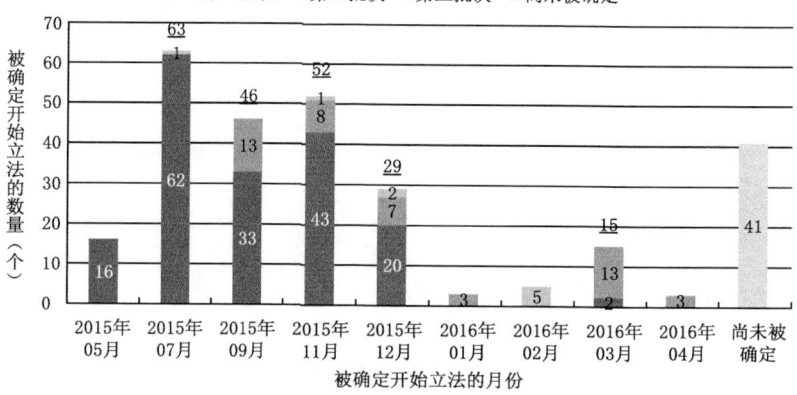

图 2　被确定可以开始立法的设区的市的月份-数量柱状图

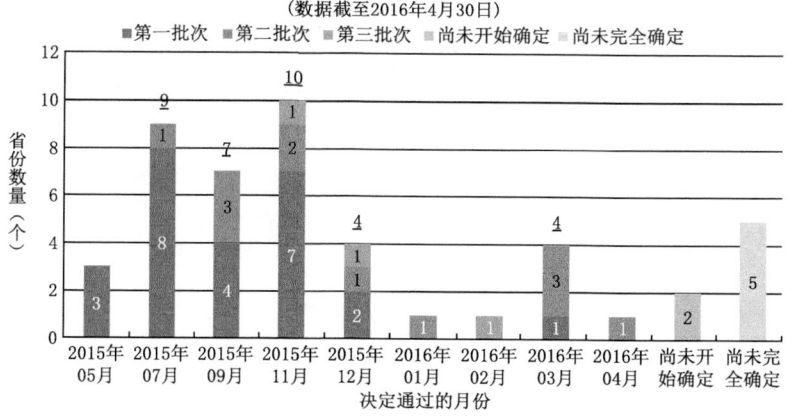

图 3　各省级人大常委会通过"确定开始立法决定"的月份-省份数量柱状图

可以说，确定设区的市开始立法的绝大部分工作在 2015 年已经完成，2016 年的确定决定从比例上看，据图 1 至图 3 显示，只是在补缺确定而已。24 个省、自治区的人大常委会通过 33 个"确定开始立法决定"在 2015 年年底前确定了 206 个设区的市可以开始立法。

2. 确权未有效分批

各省、自治区人大常委会通过的"确定开始立法决定"的批次数和分批时间间隔状况，显示出"确定开始立法决定"未有效分批的总体情况。截至 2016 年 4 月 30 日，确定本省、自治区所有设区的市可以开始立法的已达到 20 个，其中，如图 4、图 5 所示，近一半的省、自治区（9 个）未分批作出确定决定，即通过一个"确定开始立法决定"一次性全部确认；9 个省、自治区分两个决定完成了全部确定，两者合起来超过 27 个省、自治区中的七成省份。即使已经通过多个决定分批完成全部设区的市开始立法确认的省、自治区中，如图 5 所示，又有过半省、自治区（6 个）首末批确定决定的时间间隔在 4 个月以内，其他 5 个省、自治区也都在 8 个月内完成。这样的时间间隔状况，对于《立法法》第 72 条第 2 款要求的"人口数量、地域面积、经济社会发展情况以及立法需求、立法能力等因素"发生实质性的提升以满足开始立法的要求，作用是有限的。

设区的市开始立法的确定与筹备——以《立法法》第72条第4款为中心

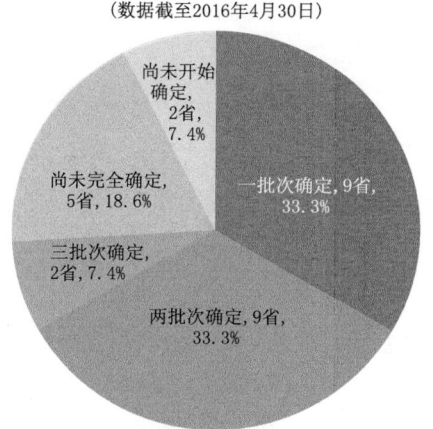

图4 各省级人大常委会通过"确定开始立法决定"的批次的省份数量、比例图

说明:"尚未完全确定",是指该省、自治区所辖的设区的市尚未全部被确定可以开始立法。

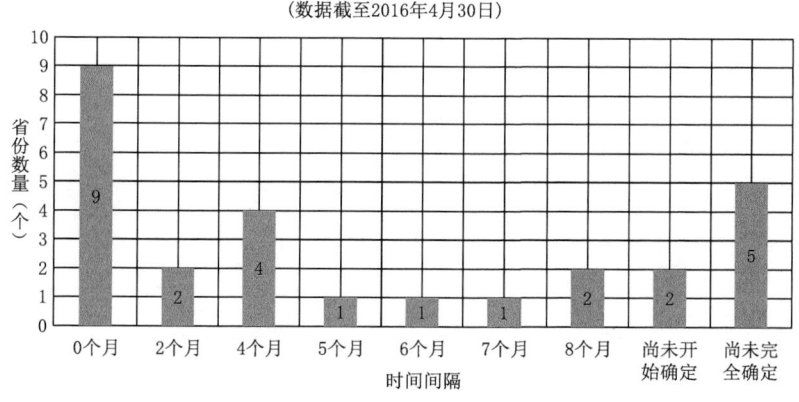

图5 设区的市分批开始立法的各省、自治区分批时间间隔-省份数量柱状图

说明:1. 横轴"时间间隔",是指所辖的设区的市已全部被确定可以开始立法的省、自治区首末批决定间的时间间隔。

· 133 ·

2. "0个月",是指所辖的设区的市已全部被确定可以开始立法是由一个确定决定作出的情形。

3. "尚未完全确定",是指该省、自治区所辖的设区的市尚未全部被确定可以开始立法。

3. 确权后短间隔即可以开始立法

从可能的实践效果看,除了省、自治区人大常委会拉开有效时间间隔分批作出确定决定之外,拉开确定决定颁布到所确定的设区的市可以开始立法时点的时间间隔,也可以达到分批开始立法的效果。然而,各"确定开始立法决定"不仅未有效分批、接连做出,而且各确定决定中设区的市可以开始立法也没有拉开充分的时间间隔。其中,如图6所示,随着确定决定颁布可以立即开始立法(包括小于15天就近整月生效)的有186个,占已获确定的232个设区的市的八成,且其中仅有1个设区的市规定了超过半年的时间间隔。

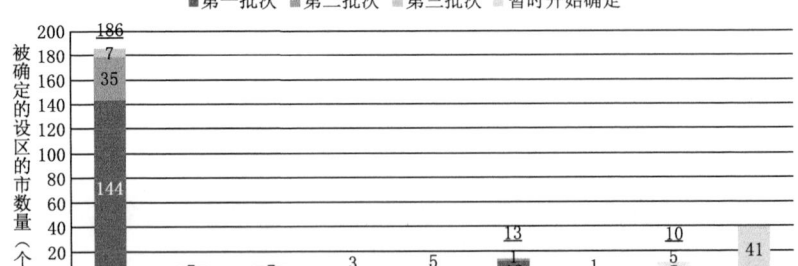

图6 各省级人大常委会"确定开始立法决定"颁布到所确定的开始立法时点的时间间隔-设区的市数量柱状图

说明:1."附条件生效",是指市人大法制委设立后,可以开始立法。

2."立即生效",包含小于15天的近整月生效的情形。

设区的市开始立法的确定与筹备——以《立法法》第72条第4款为中心

除了附期限可以开始立法的确定决定外，附条件可以开始立法的确定决定的条件内容并没有全面体现出"人口数量、地域面积、经济社会发展情况以及立法需求、立法能力等因素"的各方面丰富要求，而只是局限于市人大法制委机构的设立。

（二）设区的市开始立法确定权的性质及其来源

各省、自治区把控设区的市开始立法的"具体步骤和时间"的确定阀门全面失守，既与省级人大常委会在地方政治决策过程中现实地位相关，也与地方立法资格优势省际竞争相关。其中，决定各省、自治区人大常委会紧凑、不分批地确定设区的市开始立法的实践状况的关键因素在于关于设区的市获得地方立法权的时间起点的认识，是始于2015年3月15日《关于修改〈中华人民共和国立法法〉的决定》通过颁布之时，抑或各省、自治区人大常委会"确定开始立法决定"通过之时。这直接涉及省、自治区人大常委会的设区的市开始立法确定权的性质，是设区的市的地方立法权的赋予行为，抑或仅是其开始立法的进度调节行为。

《宪法》第3条第4款规定，在"中央和地方的国家机构职权的划分"上发挥"两个积极性"的前提是"遵循在中央的统一领导下"。这为单一制的国家结构形式提供了宪法依据。在单一制国家，国家立法可以调整地方的各项事务并统一使用于全国；单一制不排除地方自治的客观需求和民主诉求，但地方立法并非从某个地方主权逻辑中直接推导出来，而是来自国家立法的直接授权。因此，《立法法》的授权，是设区的市获得地方立法权的直接依据。

由此，省、自治区人大常委会关于设区的市开始立法的确定权，并非设区的市获得地方立法权的来源，而是调节本省、自治区市级地方开始立法进度的政策性权力。然而，省、自治区人大常委会掌控此项权力,并不意味着设区的市的地方立法是隶属于省级地方立法的附属性地方立法,两者是两个各自独立的地方立法层级,均独立来源于《宪法》第100条,并分别通过《立法法》的不同条款获得具体化。《宪法》第100条的规范内涵中涉及与此相关的基础性问题,如下图7所示,该条是一个关于地方立法权的概括性授权或者原则性授权的条款。虽然在规范语句上仅开放性列举式地赋予"省、直辖市"人大及其常委会"制定地方性法规"的权力,但是,在其规范内涵结构中,不仅有"省、直辖市"等在该条中开放性列举到的地方立法主体的资格依据,也有自治区以及设区的市的地方立法主体资格的概括性依据。以《宪法》第100条为依据的各类地方立法,共同构成我国"一元二级多层次"立法体制的"二级"中的地方立法这"一级"。[1]这"一级"中的地方立法包括哪些类型,有赖于立法形成。[2]目前已通过《立法法》具体化而具备地方立法主体资格者,例如设区的市,均是以《宪法》第100条为宪法依据的独立的地方立法主体形态,相互之间并不因为行政区划上的层级关系而形成立法层级上隶属关系。申言之,省级地方立法权、设区的市地方立法权是相互独立的地方立法类型,并且共同作为我国立法体制中地方立法这"一级"当前

---

〔1〕 根据《宪法》第3条第4款、第100条等关于我国地方立法体制的相关规定,我国立法"总体上是两级立法":中央立法和地方立法,(参见,例如,杨景宇:"关于立法法和监督法的几个问题",载《北京人大》2013年第6期)省级地方立法和设区的市立法是同属于地方立法这"一级"且各自独立的地方立法层级。

〔2〕 第九届全国人大常委会法工委主任顾昂然在《立法法》(草案)说明中的下述内容,也体现了《宪法》第100条的原则性授权、概括性规定的规范属性:"宪法对这些国家机关的立法权限从大的原则上作了规定,立法法草案对全国人大及其常委会与国务院、中央与地方之间,在立法事项方面的具体划分作了规定。"参见顾昂然:《关于〈中华人民共和国立法法(草案)〉的说明——2000年3月9日在第九届全国人民代表大会第三次会议上》。

的组成部分。

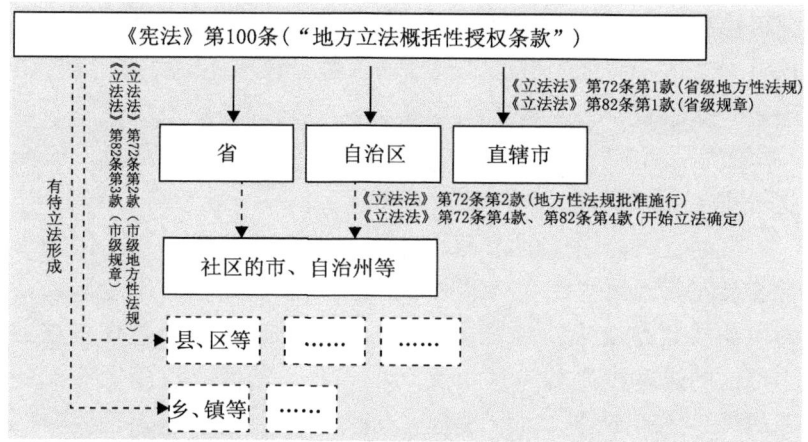

图 7　《宪法》第 100 条"地方立法概括性授权条款"内涵结构图

只是出于地方法制统一的考虑，《立法法》第 72 条第 2 款规定的省、自治区人大常委会批准设区的市地方性法规施行的权力；同时"考虑到设区的市数量较多，地区差异较大"[1]的情况，2015 年修改的《立法法》在赋予设区的市地方立法资格的同时，赋予省、自治区人大常委关于设区的市开始立法的确定权。但是，这两类权力并不影响设区的市作为独立的地方立法主体而存在，而非附属的"半个立法权"。[2]

---

[1] 李建国：《关于〈中华人民共和国立法法修正案（草案）〉的说明——2015 年 3 月 8 日在第十二届全国人民代表大会第三次会议上》。

[2] 关于"较大的市"地方立法权的性质以及省级人大常委批准其地方性法规实施的权力的探讨，参见，例如，宓雪军："半立法权探讨"，载《中国法学》1991 年第 6 期；丁祖年："试论省级人大常委会对较大市地方性法规的批准权"，载《法学评论》1990 年第 6 期；王林："谈地方立法批准权性质"，载《法学杂志》1994 年第 5 期；刘克希："较大的市制定的地方性法规应当经批准"，载《现代法学》2000 年第 5 期。

也因此,设区的市开始立法"具体步骤和时间"的确定权,并非省、自治区人大常委会所固有,若仅考虑这项工作"本着积极稳妥的精神予以推进",[1]赋予全国人大常委会这项确定权更为合适;而优先考虑"设区的市数量较多,地区差异较大"因素,赋予省、自治区人大常委会这项确定权就成为优选,但《立法法》第72条第4款同时保留了各省、自治区"确定开始立法决定"报全国人大常委会备案。

概而言之,设区的市开始立法确定权并非省、自治区人大常委会对其附属立法主体资格的自主赋予,而是对于全国设区的市均从《立法法》中普遍获得的独立的地方立法主体资格在本地区的进度控制权。这里除了本省、自治区立法资源布局的考虑外,还有本省、自治区立法资源布局进度的比较优势考虑。于是,各省、自治区共同观望或齐头并进,是可能出现的两种局面,只是后一种情况成了《立法法》修改实施一年来的现实。在全国人大常委会搁置对"确定开始立法决定"的"备案"阀门的情况下,这一现实从一出现就迅速普及。[2]

然而,《立法法》第72条第4款的规范功能,并不因为设区的市普遍被确定可以开始立法而过期,该款具有"确定与筹备条款"的双重规范功能,对于已确定可以开始地方立法的设区的市开展立法活动仍具有"积极稳妥"规范要求。如果说《立法法》赋予设区的市地方立法权是权利能力的赋予,省、自治区人大常委会确定设区的市开始立法是行为能力的激活,各设区的市启动立法程序则是行为付诸实施。因此,该"确定与

---

〔1〕 李建国:《关于〈中华人民共和国立法法修正案(草案)〉的说明——2015年3月8日在第十二届全国人民代表大会第三次会议上》。

〔2〕 这里不排除这样一种可能:各省、自治区人大常委会竞相确定设区的市开始立法的局面,本身就是《立法法》第72条第4款将确定权分授各省、自治区人大常委会的规范意图。

筹备条款"的调整范围除了其明确列举的省、自治区人大常委会确权决定,也调整着各设区的市获得可以开始立法的确权后到付诸立法行为的期间内相关主体的各类筹备行为,这里的相关主题,除了设区的市自身的筹备之外,也包括各省、自治区人大常委会的筹备措施。

三、设区的市付诸立法实践前的筹备工作

《立法法》第72条第4款列举的省、自治区人大常委会确定设区的市开始立法的五项参考因素"人口数量、地域面积、经济社会发展情况以及立法需求、立法能力"可以区分为两类,前四项属于三项因素和立法需求主观愿望因素相结合的背景因素,[1]第五项属于主体的能力因素。对较大的市在被确定可以开始立法后、着手各项立法行为之前的筹备工作的规范要求,主要体现在第五项因素"立法能力"上,[2]即在筹备工作中着力提高之处主要聚焦在形成并持续提高与客观的"人口数量、地域面积、经济社会发展情况"以及"立法需求"的主观愿望相匹配的"立法能力",以实现科学立法、民主立法,确保立法质量。第4款的这一规范要求,不因为获得可以开始立法的确定而褪去。就设区的市层面而言,其立法能力的持续提高与完

---

[1] 全国人大常委会法制工作委员会国家法室编著,武增主编:《中华人民共和国立法法解读》,中国法制出版社2015年版,第268页。

[2] 《立法法》第72条第4款列举的五项因素,主客观相统一,(全国人大常委会法制工作委员会国家法室编著,武增主编:《中华人民共和国立法法解读》,中国法制出版社2015年版,第268页)在开始立法确定中的要素结构是"3+2"标准,见余东明等:"山东14个设区的市分两批行使地方立法权 充分回应民情民意增强立法操作性",载《法制日报》2015年8月5日,第3版。在确定开始立法后的立法能力筹备中就变成了"4+1"标准。

善，应着力的主要是机构、人员两个层面的配置与完善。[1]

(一) 组织筹备

机构筹备是设区的市地方立法工作的组织保障。立法首先要有能够承担立法任务的各类机构，包括立法主体和立法辅助机构。立法主体是指设区的市人大及其常委会，"发挥人大及其常委会在立法工作中的主导作用"，[2]首先在于完善两者的组成和工作方式。其中，基于已有的地方人大立法均是由常委会制定的现象与惯性，强化常委会的立法能力是其中应主要着手的一个侧重点。与此同时，推动人大自身进行立法，"健全有立法权的人大主导立法工作的体制机制"，不仅是十八届四中全会决定指出的改革方向，而且近两年全国人大立法工作已经呈现出来这个回归趋势，这一趋势应当进一步拓展到省、地市级人大地方立法实践中，尤其应与设区的市扩容立法的趋势汇合并互为借重，因此，提升设区的市人大会议自身的立法能力是另一个需持续关注的侧重点。

立法辅助机构设立和完善，不仅是辅助机构的建设问题，同时也是对立法主体立法能力的加强。这里至少包括机构设立的初阶要求和工作人员立法素养的提升的持续要求。在《立法法》修改之前，其他设区的市大多没有法制委、法工委，有的设有法制委、法工委也主要是从事内务司法工作。[3]立法辅助机构的设立，比较容易列为评估设区的市立法能力是否达到可以开始立法的门槛要求的形式性标准。各省、自治区人大常委

---

[1] 为突出重点，文章第三、第四部分关于设区的市、省、自治区人大的相关筹备、准备工作，主要聚焦于设区的市地方性法规问题而展开。

[2] 《中共中央关于全面推进依法治国若干重大问题的决定》(2014年10月23日中国共产党第十八届中央委员会第四次全体会议通过)。

[3] 张璁："地方立法周年 各地如何兑现"，载《人民日报》2016年3月2日，第17版。

会"确定开始立法决定"中仅有涉及附条件可以开始立法的两个决定涉及的均是从立法辅助机构角度强调立法能力因素：河南、山西两省于2015年11月26日同日通过的"确定开始立法决定"，分别都包含以附条件确定的方式开始立法的5个设区的市（如前图6所示），而所附之条件均着眼于"设立法制委员会""依法产生法制委员会"等立法辅助机构层面的组织筹备问题。[1]

（二）人才配备

人才提升与人员增编是设区的市地方立法工作的人才保障。这方面的筹备工作包括两个层面：首先，提高设区的市人大代表、常委会委员、立法工作人员的法律素养和立法技能，这是设区的市立法筹备的重要方面；在此基础上，适度增加人员编制。

据秦前红教授的不完全观察，《立法法》修改前，在有地方立法权的地方人大常委会成员中，具有法律学习背景和法律实务经历的不超过10%；在专门从事立法工作的专门委员会法制委员会以及为立法服务的工作机构法律法规室（或叫法律工作委员会）中，这个比例也罕有能超过25%。[2]对于新增地方立法主体的其他设区的市，这个比例只会更低，这是严重制约设区的市立法能力的关键因素之一。

四中全会高度重视立法队伍建设，从"加强立法队伍"建

---

[1]"河南省人民代表大会常务委员会关于确定新乡、濮阳、许昌、三门峡、商丘、周口、信阳市人民代表大会及其常务委员会开始制定地方性法规的时间的决定"（2015年11月26日河南省第十二届人民代表大会常务委员会第十七次会议通过），载《河南日报》2015年12月2日，第2版。"山西省人民代表大会常务委员会关于运城等设区的市人民代表大会及其常务委员会开始制定地方性法规的决定"（2015年11月26日山西省第十二届人民代表大会常务委员会第二十三次会议通过），载《山西日报》2015年11月27日，第A2版。

[2] 秦前红："如何解决'法盲立法'问题？"，载《南方都市报》2014年9月8日，第A24版。

设、畅通立法部门和其他法律人才部门干部和人才交流、"从符合条件的律师、法学专家中招录立法工作者""健全从政法专业毕业生中招录人才的规范便捷机制"等四个具体方面提出了指导性建议。2015年12月20日中共中央办公厅、国务院办公厅印发的《关于完善国家统一法律职业资格制度的意见》将"从事法律法规起草的立法工作者"列入"鼓励"参加国家统一法律职业资格考试的人员范围。这是从法律职业资格考试的角度设置的门槛机制,应当适时将"鼓励"进一步落实兑现以"取得法律职业资格"为立法工作者执业的前提条件,使立法工作者与"法官、检察官、律师、公证员、法律顾问、仲裁员(法律类)及政府部门中从事行政处罚决定审核、行政复议、行政裁决的人员"对等地、完全地融入"法治工作队伍"。

常态化的立法工作者培训工作是人才提升的另外一项重要工作,在"取得法律职业资格"的门槛机制确立之前,培训工作将发挥更大的功能比重。面对设区的市不断增加的立法"新兵"确立涵盖职前、职中的全程性立法培训工作,加强培训的实践导向是关键,为此,如下举措可资参考:比照法官进修学院设立全国统一、分级设置的"立法人进修学院",加强上级人大立法工作者对下级人大立法工作者的业务指导功能,培训工作与各级、各地人大立法人之间的经验交流相结合。这项工作与前述立法辅助机构的建设互为表里,共同辅助人大代表、常委会委员做好立法调研、立法起草、立法论证、咨询与回应等相关工作。

加强设区的市立法工作,要有高素质的立法工作队伍作为保障。设区的市立法工作者人员不足,是新出现的另一个突出问题。据统计,31个省级人大常委会法工委中,大多数未满编;原49个较大的市常委会法工委中,多数也未满编,其中人数最多的深圳为 14 人,而最少的仅有 3 人,这个问题对于新获得立法权的其他设区的市来说,压力会更大。[1]而且,设区的市人大法制委员会等立法辅助机构的人员配置以 10 个左右为宜。[2]但此问题的应对,并不是简单地增加人员编制,而应在关于立法人才法律素养和立法技能提升机制有了周到安排的同时科学增加编制员额的问题。

四、省、自治区人大常委会的相应筹备工作

设区的市扩容立法给省、自治区人大常委会立法、监督工作所带来的连锁反应,如 2014 年 8 月第十二届全国人大常委会第十次会议对《立法法修正案(草案)》进行一审时,乔晓阳委员指出的赋予地方立法权需要理顺的四个问题中,三个直指省级人大常委会:"一是,立法主体增多,在普遍开花的情况下,给一个省范围内的法制统一就会带来新挑战;二是,普遍开花以后,各市都执行本市的地方性法规,省级地方性法规还有什么作用?……四是,较大的市制定的地方性法规要报省人大常委会批准,目前一般一个省只有两三个较大的市报批准,对省级人大常委会负担不大,将来如果有十几个、二十个较大的市的地方性法规要报批准,省级人大常委会如何完成这个任务?"[3]笔者认为,这里的第四点是对设区的市的"立法能力"有重要影响的间接因素。对此,全国人大常委会法工委主任李适时此后进一步指出,所有设区的市、自治州行使立法权后,

---

[1] 张璁:"地方立法周年 各地如何兑现",载《人民日报》2016 年 3 月 2 日,第 17 版。
[2] 参见张德江在"第二十一次全国地方立法研讨会"上的讲话。
[3] 立法权下放至所有"设区的市"就是一个例子。这个问题在全国人大常委会委员之间的争议,参见彭东昱:"赋予设区的市地方立法权",载《中国人大》2014 年第 19 期。

各省、自治区人大法制委、常委会法工委的工作量也将明显加大，"无论是法规批准、备案审查，还是工作指导、人员培训，都将面临过去从未有过的压力，必须未雨绸缪、早作打算。"〔1〕

随着设区的市扩容立法，省、自治区人大常委会将有三类相关活动在类型或数量上获得增加：第一，创制了设区的市开始立法的确定职权本身；第二，市级地方性法规生效前批准工作的对象，从原来的少量"较大的市"扩容到本省、自治区所辖的所有设区的市；第三，设区的市立法数量的激增难免带来立法质量参差的现象，省、自治区人大常委会根据《监督法》第29条对其"审查、撤销"的需求与活动将会相应增加。〔2〕有效应对这三类活动，也是对设区的市"立法能力"的支撑和保障。于是，对于省、自治区人大常委会，《立法法》第72条第4款也具有四个层面的规范意义：第一，授权其设区的市开始立法确定权。〔3〕第二，设区的市开始立法需要确定"具体步骤和时间"，不仅是基于设区的市立法能力提升的需要，同时也是为省、自治区人大常委会做好相应准备所设定的回旋时间，这个回旋时间的"确定"权授权省级人大常委会自行掌控。第三，其他设区的市开始立法的"具体步骤和时间"由其"报全国人民代表大会常务委员会和国务院备案"。第四，设区的市立

---

〔1〕 张璁："地方立法周年 各地如何兑现"，载《人民日报》2016年3月2日，第17版。

〔2〕 根据《监督法》"第五章 规范性文件的备案审查"第29条的规定，"县级以上地方各级人民代表大会常务委员会审查、撤销下一级人民代表大会及其常务委员会作出的不适当的决议、决定"，笔者认为，根据上下级人大的监督关系以及该条举轻明重的规定，可以解释出：设区的市的地方性法规属于省级人大常委会可以"审查、撤销"的对象。

〔3〕 详见本文第二部分"（二）设区的市开始立法确定权的性质及其来源"。

法能力的提高,除了设区的市自身的提高之外,省、自治区人大常委会的组织准备与方案准备也作为影响因素或者配套因素而成为"设区的市的……立法能力"的题中之义。前三者着眼于省、自治区人大常委会围绕"确定开始立法决定"的确定行为,后者则是针对确定作出后到设区的市付诸立法行为期间的提升其"立法能力"的筹备活动。

助力设区的市立法能力提升的省、自治区人大常委会层面的组织准备,表现为其法工委机构、编制的相应调增与新增。例如,经山东省编委批准,省人大常委会法工委行政法制处、经济法制处更名为法规一处、法规二处,并增设法规三处、法规四处,专门负责17个设区的市报批地方性法规的合法性审查工作。[1]

方案准备是省、自治区人大常委会助力设区的市立法能力提升的另一类重要筹备工作。各省、自治区的"地方立法条例"是关于设区的市地方立法的基础方案,27个省、自治区均制定有以"地方立法条例"为主要命名方式的这类条例,[2]截至2016年4月30日,其中17个省、自治区已经根据《立法法》修改进行了相应的修改,尚未修改的10个省、自治区中已经有4个省的修改正在审议中或已列入立法计划。(详见下图)

---

[1] 余东明等:"山东14个设区的市分两批行使地方立法权 充分回应民情民意增强立法操作性",载《法制日报》2015年8月5日,第3版。

[2] 各省、自治区的这类条例,除了主要以"地方立法条例"命名之外,也包括"制定与批准地方性法规条例""人民代表大会及其常务委员会立法条例""人民代表大会及其常务委员会立法程序规定"的条例名称。

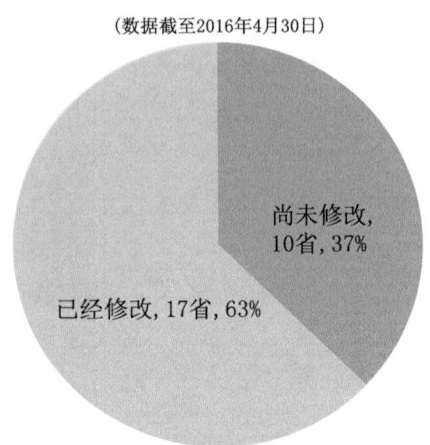

(数据截至2016年4月30日)

图 8　各省、自治区"地方立法条例"应对"设区的市扩容立法"修改进度比例图

说明：1. "已经修改"，是指已经省级人大及其常委会修改相应立法并表决通过的。

2. 已经修改的 17 个省、自治区中，有 2 个省是通过新立法方式进行应对，其余省份通过修正、修订旧法方式应对。

3. "尚未修改"，是指省级人大及其常委会尚未进行改修，或者正在修改、审议中的。

4. 尚未修改的 10 个省、自治区中，有 1 个省正在审议中，3 个省已列入立法计划。

除了"地方立法条例"中用"设区的市"对"较大的市"的语词更替之外，省、自治区人大常委会层面的方案准备，应在对设区的市立法实践积极提炼经验的基础上，重视"地方立法条例"后续修改或者基于"地方立法条例"的立法规范性文件制定，尤其着眼于两个方面的方案筹备：一方面，设区的市立法中"立法项目征集和论证制度""委托第三方起草法律法规草案"、探索"立法机关和社会公众沟通机制"或"立法协商",专家"论证咨询机制"[1]"拓宽公民有序参与立法途径"等辅助立法机制的探索和规范。另一方面,应对设区的市扩容立法,省、自治区人大常委会由此新增工作类型和数量激增的工作内容的相关方案设计,例如,关于设区的市开始立法的立法能力评估、确定工作的程序方案,以及设区的市开始立法后实施前批准工作、实施后备案审查这类数量剧增的工作的方案。

五、又备又审:扩容立法倒逼法制统一

全国人大常委会如何通过规范省级人大常委会的批准行为来规范设区的市开始立法的"具体步骤和时间",一种可能的规范方案是:在对各省级人大常委会批准行为进行备案的基础上适时发挥指导性功能。《立法法》第72条第4款最后一句,要求设区的市开始立法的"具体步骤和时间",需同时"报全国人民代表大会常务委员会和国务院备案"。全国人大常委会通过备案汇总各省、自治区、设区的市、自治州扩容方式的同时,掌握各省地方立法主体的扩容进度,从而具有通过正反典型示范等指导途径来调控全国地方立法主体开始立法之进度的制度空间。然而,对于《立法法》修改一年多已有232个设区的市被确定可以开始立法的进度情况以及全国人大常委会对此反应来看,全国人大常委会似乎并无意于运用这一制度空间。然而,被确定可以开始立法的设区的市纷纷着手立法后,确保立法质量、保障法制统一的压力是客观存在的。对此,除了通过前述调控省级人大常委会的确认进度在开始立法的起点处来缓解之外,备案审查是主要的制度途径。

在《立法法》修改讨论过程中,对于设区的市扩容立法问

---

[1] 路江通:"立法咨询委员会:人大立法咨询制度的一个重要创新",载《中国人大》2004年第21期。

题，不同论者都看到立法主体激增对立法质量可能带来的负面影响，但基于这同一个事实判断却推出设区的市地方立法主体是收、还是放的迥然相反的两种观点。对于前者"惧乱而收"的逻辑，全国人大常委会第一次审议时，谢小军委员主张设区的市的立法主体地位"与其放，不如收"的主要原因在于："如果把立法权放得太宽，立法的质量很难保证。"[1]全国人大常委会法工委研究室主任梁鹰在《立法法》修改周年之际的如下阐述印证了第二种观点：当前全国人大常委会的主要考虑就是建立健全备案审查机制，做到有件必备，有备必审，有错必究，保障国家法制统一，[2]这表达了设区的市扩容立法"迎乱而放"后带来的立法质量参差现象，主要寄托于备案审查制度予以应对的从容逻辑。

随着这近一年来各省、自治区人大常委几乎都放弃了《立法法》第72条第4款所要求的循序渐进的节奏控制，全国人大常委会也无意于监控这一节奏，后一种观点的现实意义就凸显出来。《立法法》授权省、自治区人大常委会控制设区的市开始立法的"具体步骤和时间"，目标指向确保立法质量；尽管这一节奏控制的阀门机制落空，立法质量的确保仍可期待地方立法的审查机制。申言之，设区的市立法主体激增带来的这一级地方性法规制定井喷并导致地方立法质量的下降，使得全国人大常委会乃至省、自治区人大常委会对设区的市地方性法规的备案审查工作的必要性陡增。法规审查工作在设区的市地方性法规审查层面被激活的可能性并非没有，如果由此激活常态

---

[1] 彭东昱："赋予设区的市地方立法权"，载《中国人大》2014年第19期。
[2] 陈菲："立法法修改实施一年209个地方获行使立法权"，来源：http://news.xinhuanet.com/2016-03/02/c_1118215814.htm，最后访问时间：2016年3月15日。

性的法规审查工作，设区的市扩容立法反而将长远地促进提高立法质量、倒逼法制统一，从而发挥出以时间换空间的又一重大战略意义。

无独有偶，《立法法》2015年修改三审稿讨论以来，全国人大法律委主任委员乔晓阳、全国人大常委会法工委副主任郑淑娜分别在不同场合多次指出，《立法法》从事前、事中和事后设置"五道防线"来"管住地方立法权"：第一道，"全面赋权、稳步推进"，不是一股脑放开；第二道，地方立法权限定在城乡建设和管理、环境保护和历史文化保护事项；第三道，"不抵触原则"；第四道，制定的地方性法规要报省一级人大常委会批准后才能施行；第五道，备案审查制度。[1] 各省、自治区人大常委会放弃设区的市开始立法确认工作的节奏控制，失守的仅仅是第一道防线，后四道防线则均聚焦到广义的立法审查工作上，包括审查的立法权限基准、"不抵触原则"以及批准实施的事前审查机制和备案审查的事后审查机制。

---

[1] 详见王逸吟、刘梦："五道防线管住地方立法权——全国人大常委会法工委负责人答问立法法修改"，载《光明日报》2015年3月10日，第3版；王延辉："'五道防线'避免地方立法过多过滥"，载《河南日报》2015年4月14日，第2版，等等。

论法律保留原则在我国的实践及其完善

姚国建[1] 王 娟[2]

一、法律保留原则的起源与类型

作为依法行政的重要一环，法律保留的思想产生于19世纪初，最早提出该概念的是德国行政法学之父奥托·迈耶。根据奥托·迈耶的经典定义，法律保留是指在特定范围内对行政自行作用的排除。具体而言，法律保留原则就是指凡属宪法、法律规定只能由法律规定的事项，则只能由法律规定或者必须在法律有明确授权的情况下才能由行政机关做出规定。[3]所以，最初意义上的法律保留是指在特定范围内对行政自行作用的排除，本质上决定着立法机关与行政机关二者之间的权力边界，也在一定程度上体现了行政机关能够在多大限度内按自己的意愿进行施政。

在行政法体系中，该原则与法律优先原则、法律创制原则

---

[1] 中国政法大学教授。
[2] 中国政法大学研究生。
[3] [德]奥托·迈耶著，刘飞译：《德国行政法》，商务印书馆2002年版，第72页。

共同组成依法行政原则的核心内容。到20世纪,法律保留原则被延伸到宪法领域,所以形成了两个层次的法律保留原则。我国台湾学者陈新民先生就将法律保留原则分为两个层次上的法律保留,即一是宪法层次的法律保留,二是行政法层次的法律保留,法律保留原则不是仅局限于宪法或者行政法某一法域中,而是贯穿并体现在立法与行政这两种权力架构中。宪法层次的"法律保留"划定代议机关立法权和其他机关立法权的边界;行政法层次的"法律保留"划定了行政机关自由裁量领域的边界——行政机关在某些领域,"法无禁止即为自由"这些领域是行政机关的自由裁量领域;在某些领域,"法无授权即为禁止",这些领域行政机关没有自由裁量余地。[1]两个层次的法律保留原则无疑具有很大的相关性,宪法层次的法律保留原则是由行政法层次的法律保留原则演变而来,但二者的目的、内涵和关注点并不完全相同。本文将着眼于宪法层次上的法律保留原则,尤其是我国宪法层次的法律保留原则,探讨我国法律保留原则实施的积极成就及其问题,并尝试提出相应的解决之道。

二、法律保留原则在我国立法上的体现及其意义

如同在德国法律保留原则首先由行政法学者提出一样,在中国首先关注法律保留原则的也是行政法学者。应松年教授将法律保留表述为:凡宪法、法律规定只能由法律规定的事项,则或者只能由法律规定,或者必须在法律明确授权的情况下,行政机关才有权在其所制定的行政规范中做出规定。其内涵是:首先,法律保留的事项需要宪法、法律的规定,这一规定可以

---

[1] 参见刘连泰:"评我国《立法法》第八条、第九条关于'法律保留'制度",载《河南省政法管理干部学院学报》2003年第3期。

是绝对的或者相对的。其次，行政机关可以在法律明确授权的情况下制定行政规范，实施行政行为，这也算是法律保留原则得以变通的灵活方式。〔1〕

而在制度层面，法律保留进入中国法律视野的一个重要契机是 2000 年全国人民代表大会制定《立法法》。《立法法》第 8 条、第 9 条正式确立了我国的法律保留原则（具体内容下文将有详细介绍）。按照立法部门的理解，《立法法》确立法律保留原则是基于以下三个"必要性"：其一，有利于保证立法民主、"维护国家的统一和国内市场的统一"；其二，对全国人大及其常委会与国务院的立法权限进行划分，有利于"国务院更好地通过制定行政法规行使行政管理职权"；其三，对全国人大及其常委会与地方立法机关的立法权限进行划分，有利于"调动（地方）立法的主动性和积极性，加快地方法制建设的步伐，从而更好地依法管理地方事务。"〔2〕由此可见，法律保留原则在我国具有双重功能——既规范国务院和地方立法机关的立法行为、维护全国人大及其常委会的立法权威，又保障国务院和地方立法机关适度的制度创设空间。但实际上，《立法法》并不是唯一，也不是最早确立法律保留原则的我国法律。现行《宪法》作为国家的根本法，在很多条款中原则性地确立了法律保留原则。另外，《行政处罚法》等单行法律也在一些具体的领域及事项中确立了法律保留原则。

《宪法》《立法法》和其他法律所确立的法律保留是一个行政法意义上的法律保留还是宪法意义上的法律保留？笔者认为，

---

〔1〕 应松年："《立法法》关于法律保留原则的规定"，载《行政法学研究》2000 年第 3 期。

〔2〕 张春生主编：《〈中华人民共和国立法法〉释义》，法律出版社 2000 年版，第 29~30 页。

它应首先是一个宪法层次的原则，其次才是一个行政法原则。强调其是一个宪法原则，根据有以下两个方面：（1）法律保留原则不仅体现在《立法法》和其他单行的行政法律中，更体现在宪法中。（2）从《宪法》和《立法法》等法律所确立的法律保留的基本内容来看，我国的法律保留主要涉及三个方面：一是有关公民基本权利的保障，二是有关国家权力的建构，三是有关国家基本制度的建构（下文将有详述）。这三个方面的内容显然是宪法规定的内容，而不是行政法应予规定的内容。从《立法法》中设定的法律保留原则来看，主要涉及该法的第 8 条至第 11 条。第 8 条规了我国法律保留的范围，第 9 条规定了上一条所包含的事项，如果全国人大及其常委会没有立法，则可以授权国务院制定行政法规（但其中一些事项不可以授权），第 10 条及第 11 条进一步规定了授权立法的相关问题。将第 8 条和第 9 条联系在一起看，表面上体现了行政机关不得自我授权，即依法行政的原则。但实际上，正如后文所要分析的，第 8 条所列举的重要事项不仅是国务院作为行政机关在立法时不得介入的，也是地方权力机关不得介入的。《宪法》和《立法法》确立法律保留原则的目的是合理地分配最高国家权力机关与最高国家行政机关、中央与地方的立法权限，而立法权的配置本质是国家宪法体制的一部分，是一个宪法问题。所以，保留原则是我国宪法承认的一个法律原则，其基本含义在于国家立法权的构建应尊重最高国家权力机关即全国人大及其常委会的核心地位，某些重要事项只能由其立法，国家行政机关及地方权力机关不得侵入；全国人大及其常委会在必要时可以授权行政机关或地方权力机关行使某些领域的立法权，但应对其予以监督。

（一）法律保留原则在我国立法上的体现

1. 宪法

1982 年现行宪法通过时，我国法学理论及实践中并未明确地提出法律保留原则。但这并不意味着我国宪法不承认这一原则。相反，宪法中很多条款规定某些事项应由"法律"规范。如《宪法》第 34 条规定，年满 18 周岁的公民享有选举权，但依"法律"被剥夺政治权利的人除外；第 59 条规定，全国人大代表名额和产生办法由"法律"规定。这些规范中所称"法律"应指狭义的法律，即只有全国人大及其常委会对此拥有立法权。

另外，在涉及某一事项应由法律规定时，除作出诸如第 34 条和 59 条那样明确的规定外，还有其他的规定方式。如《宪法》第二章"公民的基本权利和义务"中关于基本权利受法律保障即有四种规范方式，第一种是直接规定"依照法律"，条文具体有第 34 条、第 40 条、第 41 条、第 44 条、第 55 条以及第 56 条；第二种是规定某事项"受法律的保护"，如第 40 条；第三种是强调某种权利是"合法的……"，具体条文有第 50 条、第 51 条；第四种在规定公民权利限制时强调"禁止非法……"，如第 37 条、第 39 条。除"公民的基本权利和义务"这一章外，《宪法》"总纲"和"国家机构"两章也体现了法律保留的要求。

虽然《宪法》各条款中有关"依据法律""受法律的保护""合法的"和"禁止非法"等表述方式中有些不涉及法律保留原则，但多数情况下仍明显地体现了法律保留原则。从这些条文中涉及的内容来看，主要涉及两个部分，即国家的重要制度及公民基本权利。

还需要指出的是，《宪法》规定法律保留原则不仅是作为宪法原则的一个依据，更重要的是形成对其他立法的制约，包括具体规定我国立法制度的《立法法》，亦即宪法中那些属于法律保留事项的内容亦应在《立法法》中得到体现。

2. 《立法法》

2000 年《立法法》第 8 条、第 9 条是对法律保留原则的直接及最为重要的规定，是法律保留原则在我国立法制度中得以正式确定的标志。《立法法》第8条规定法律保留事项有：国家主权；各级各类国家机关的产生、组织和职权；民族区域自治制度、特别行政区制度、基层群众自治制度；犯罪和刑罚；公民基本权利的限制，包括对政治权利的剥夺、限制人身自由、征收非国有财产；民事基本制度、经济基本制度；财政、税收、海关、金融和外贸的基本制度；诉讼和仲裁制度；第9条规定了我国的授权立法制度，即《立法法》第8条规定的事项尚未制定法律的，全国人大及其常委会可以授权国务院制定行政法规，但是有关犯罪和刑罚、对公民政治权利的剥夺和限制人身自由的强制措施和处罚、司法制度等事项不得授权。2015年全国人大在对《立法法》修改时，对法律保留制度作了进一步完善。

从法条规定上看，我国主要将涉及国家主权、国家组织、国家基本制度及公民基本权利的内容作为法律保留的范围。另外，根据《立法法》的规定，在法律保留的这部分立法权限中，有一部分可以授权给国务院制定行政法规，但有一部分则不能授权，必须由法律行使；学者们一般将可授权的部分称为相对保留，不可授权的称为绝对保留。[1]

3.《行政处罚法》等其他专门法律

除宪法原则性规定及《立法法》概括性规定外，我国还有其他法律中的一些专门条文就某些事项的法律保留作出规定。这些也是我国法律保留原则的依据。这些法律主要有1996年由全国人大通过的《行政处罚法》和2003年由全国人大常委会通过的《行政许可法》。根据《行政处罚法》，限制人身自由和吊

---

[1] 应松年："《立法法》关于法律保留原则的规定"，载《行政法学研究》2000年第3期。

销营业执照的处罚，除全国人大及其常委会以法律设定外，地方性法规不得设定。这明显地体现了全国人大及其常委会对限制人身自由和吊销营业执照这两种对公民权利有重大影响的行政处罚措施保留立法权，行政机关不得自行设立。同样，《行政许可法》体现了法律保留。《行政许可法》第12条规定了国家可以设定行政许可的事项，第14条规定法律可以就这些事项设定行政许可，只有在没有制定法律的情况下，行政法规才可以设定。第15条进一步规定地方性法规不得设定行政许可的事项，包括应当由国家统一确定的公民、法人或者其他组织的资格、资质；企业或者其他组织的设立登记。

可以看出，《行政处罚法》和《行政许可法》所确立的法律保留原则在基本精神上是与《宪法》和《立法法》相一致的，即以保障公民权利为目的，在涉及公民人身自由、经济自由等方面，行政机关不得自行设定行政处罚或行政许可事项。

（二）我国法律保留原则的意义

1. 合理界定全国人大及其常委会、国务院和地方的职权

现行《宪法》第62条、第67条和第89条分别规定了全国人大及其常委会、国务院的职权，《宪法》第3章第5节以及《地方各级人大和地方各级人民政府组织法》规定了地方各级人大及其常委会的职权。根据这些规定，全国人大及其常委会可以以法律的形式对国家政治和社会生活的一切领域进行管辖。而国务院的职权涉及经济工作、城乡建设、教育、科学、文化、卫生、体育和计划生育、民政、公安、司法行政、监察、对外事务、国防建设、民族事务以及行政系统内部的监督等领域，并且国务院可以以制定行政法规的方式行使对这些领域的管理，而行政法规属于我国广义上的法律。同样，省级人大及其常委会和特殊类型的市人大及其常委会也可以制定地方性法规对本

行政区域的事务进行管理。实践中,由于全国人大及其常委会在组织构成和会期制度方面的缺陷,全国人大及其常委会制定的法律数量并不多,而国务院制定的行政法规和地方人大及其常委会制定的地方性法规构成了我国调整社会关系的主要法律规范。[1]这就使得国务院和地方人大及其常委会可以以行政法规或地方性法规的形式对社会生活的任何领域进行管理,其权力几乎是不受限制的,这一点从以前的行政法规和地方性法规所导致的社会问题可以得到印证。但《立法法》中法律保留原则使得国务院和地方人大及其常委会的立法权受到了明显的限制。

2. 有效规范全国人大及其常委会的立法权

宪法和法律中有关国家机关权力的规定与有关公民权利的规定性质不同。就公民权利而言,公民行使自己的权利,也可以放弃自己的权利。但国家机关的权力不仅是国家机关的职权,也是其职责,不得放弃,否则即构成立法不作为或行政不作为。这一原理同样适用于《立法法》中法律保留原则的规定。也就是说,《立法法》第8条所列举的属于法律保留事项对全国人大及其常委会而言既属于其立法职权,也是其立法职责。同样,《立法法》第9条至第11条规定的授权立法问题也构成了全国人大常委会的立法职责。这些职责的内容包括:其一,全国人大及其常委会应及时就这些事项进行立法,否则即构成立法不作为;其二,全国人大常委会应及时清理以前立法中那些违反法律保留事项的行政法规或地方性法规;其三,应依法授权行政机关制定行政法规,并加强对国务院的授权立法的监督;其

---

[1] 根据2011年国务院新闻办公室发布的《中国特色社会主义法律体系白皮书》的数据,截止到2011年8月,我国由全国人大及其常委会制定的法律仅为240件,国务院制定的行政法规为800多件,而地方性法规的数量为8600多件。

四、不得就那些绝对保留事项授权国务院制定行政法规。

三、我国法律保留原则实施的积极成效

《立法法》实施后，法律保留原则在一定程度上起到了规范我国的立法行为的作用。这其中既有全国人大常委会的主动行为，也有社会力量的参与与推动。法律保留原则约束我国的立法主要体现在两个方面：一是全国人大利用其与地方人大常委会的互动机制约束地方立法不介入法律保留的范围；二是促成了相关行政法规的修改或废除。

（一）全国人大常委会通过"请示—回复"机制对法律保留原则的维护

《立法法》所确立的法律保留原则在某种程度上界定了全国人大及其常委会的立法权。根据《宪法》和《立法法》，国务院有权制定行政法规，省级地方权力机关及较大的市地方权力机关也有权制定地方性法规。但是，由于《立法法》确立了法律保留原则，在一定程度上，全国人大常委会的立法专享权力就是行政机关和地方权力机关的立法禁区。《立法法》实施后，全国人大常委会通过各种方式维护了法律保留原则。在理论上，全国人大常委会有权撤销与法律相抵触的地方性法规（违反法律保留原则、侵犯全国人大及其常委会专属立法权的地方性法规自然是抵触法律）。在实践中，由于担心自己制定的地方性法规侵犯了全国人大及其常委会的立法权而使其有效性受到质疑，当不能确定相关立法事项是否侵犯明法律保留事项时，部分地方人大常委会选择在立法前询问全国人大常委会法工委对该立法事项的态度。而法工委也常常利用相关回复强化法律保留原则的规范功能。这一机制可以被称为"请示—回复"机制。具体的案例有：（1）假释保证金、保外就医保证金制度。2000年

6月,某省人大常委会提出为了有效遏制有些罪犯借假释和保外就医的机会出逃,拟设立假释保证金、保外就医保证金制度,要求假释或保外就医的罪犯或其亲属向监管部门交纳一定的保证金,一旦罪犯脱离监管,将对保证金予以没收的议案。省人大法工委不确定这一规定是否侵越中央立法权而向全国人大常委会法工委询问,后者回复强调:《立法法》第8条规定"犯罪和刑罚、诉讼制度只能制定法律";《刑事诉讼法》对假释和保外就医的条件和执行作了明确规定,其中未规定被假释或者保外就医的人要缴纳保证金。对于是否需要规定假释保证金和保外就医保证金,情况比较复杂,需要进一步研究,地方性法规不得对此作出规定。[1](2)地方性法规提案权。2000年10月,上海市人大常委会在起草《上海市制定地方性法规条例》时,不能确定该市高级人民法院和市人民检察院能否作为地方性法规草案的提案主体,请求全国人大常委会法工委答复。全国人大常委会法工委回复指出:"地方组织法关于提案主体的规定中没有人民法院、人民检察院,因为诉讼制度属于全国人大及其常委会的专属立法权,这方面的事项地方人民法院、人民检察院不需要提出地方性法规草案。因此,它们不要作为提案主体。"[2]另外,全国人大常委会法工委也曾就地方人大代表身份保障、民事基本制度、人事争议处理涉及的劳动仲裁等方面的内容回复地方人大的询问。[3]

---

[1] 全国人大常委会法制工作委员会编:《法律询问答复(2000~2005)》,中国民主法制出版社2006年版,第1页。

[2] 全国人大常委会法制工作委员会编:《法律询问答复(2000~2005)》,中国民主法制出版社2006年版,第13页。

[3] 全国人大常委会法制工作委员会编:《法律询问答复(2000~2005)》,中国民主法制出版社2006年版,第101~102页、第125页、第136~137页。

(二) 地方人大及其常委会对法律保留原则的自觉尊重

在 2000 年《立法法》制定之前,我国地方人大及其常委会制定了大量的地方性法规,有些涉及《立法法》中的法律保留原则。在理论上,《立法法》实施以后,这些地方性法规因违反了《立法法》所确立的法律保留原则而应归于无效。一些地方人大常委会亦意识到这个问题,自觉地对这些地方性法规予以撤销或修改,确保自己的立法合法。如 2005 年 6 月 23 日,太原市第十一届人大常委会审议通过了《关于提请废止〈太原市受理公民权益纠纷投诉分工的若干规定〉的议案》。废止的主要理由是:"鉴于 2000 年 3 月全国人大通过的《中华人民共和国立法法》对国家立法权和地方立法权进行了划分,规定国家专属立法权地方性法规不能涉及。该法规有的条款涉及国家民事基本制度、诉讼和仲裁制度等国家专属立法权,其内容已走出了地方立法的权限……"可以看出,在太原市人大常委会看来,该地方性法规涉及"民事基本制度""诉讼和仲裁"两项明确保留事项,已失去合法存续的基础,必须予以废止。

(三) 违背法律保留原则的相关规范性文件的废除或修改

《立法法》制定前,国务院制定过一些不符合法律保留原则的规范,《立法法》制定后,这些行政法规的合法性受到严重质疑,尤其是那些对公民权利造成重大和直接影响的行政法规。其中最具代表性的是有关劳动教养制度的行政法规和有关收容遣送制度的行政法规的废止。

四、法律保留原则实施的问题

《立法法》制定后,虽然法律保留原则在界定最高国家权力机关与最高国家行政机关、中央与地方的立法权限方面起到了一定作用,一些在《立法法》实施之前制定的违反法律保留原则的规范性文件受到审查并被废止。但是，实践中，并非所有的违反法律保留原则的规范性文件都得到了及时清理，法律保留原则也未能完全阻止最高国家行政机关及地方权力机关制定新的违反法律保留原则的规范性文件。这其中既有法律执行不力的问题，也有《立法法》等确立法律保留原则的法律本身的问题。概括而言，我国的法律保留制度的设计及实施主要存在以下问题：

（一）既有制度并未完全得到遵守

《立法法》实施后，全国人大常委会法工委根据法律保留原则阻止了地方权力机关的一些立法行为，也撤销了一些违反法律保留原则的规范性文件，但实践中仍存在一些侵入法律保留范围的行政立法和地方立法。

1. 国家机关的组织与职权

根据《立法法》第8条，各级国家机关的组织与职权是法律保留范围内的事项。国家机关的组织应包括国家机关的设立、撤销、更名、职权设定、人员的产生与去职等。全国人大制定了《国务院组织法》《地方各级人大和地方各级人民政府组织法》等法律。但这些法律没有涵盖上述所有内容，国务院在这些法律的基础上制定了相应的行政法规，其中的有些规定可能涉及法律保留的领域。如国务院于2007年制定的《行政机关公务员处分条例》对处分各级人民政府领导人员及人民政府组成部门正职领导人员规定了相应的权限和程序。另外，国务院于2007年制定的《地方各级人民政府机构设置和编制管理条例》也有一些内容涉及法律保留原则的问题。该《条例》将地方各级人民政府行政机构设立、撤销、合并或者变更规格、名称的决定权赋予上一级人民政府，而仅仅规定县级以上机构变更的相关方案应报本级人大常委会备案。[1]虽然《宪法》和《地方组织法》没有对地方政府的机构设置的程序作出规定，但根据我国人民代表大会制度，地方人民政府应由地方人大及其常委会产生，地方人民政府的机构属于地方人民政府的重要组成部分，理应由地方人大及其常委会产生。这个《条例》中的相关内容的合法性是有疑问的。

同样，国务院于2006年制定的《公安机关组织管理条例》也有类似问题。该《条例》第17条规定："县级以上地方人民政府公安机关正职领导职务的提名，应当事先征得上一级公安机关的同意。县级以上地方人民政府公安机关副职领导职务的任免，应当事先征求上一级公安机关的意见。"这一规定使上级公安机关在一定程度上可以决定下级公安机关的负责人，与《地方组织法》的规定并不一致，不符合法律保留原则。

2. 基本经济制度及海关、金融和外贸的基本制度

按照《立法法》的规定，经济、金融、外贸基本制度的立法权也在法律保留范围之内。但是，国务院作为国家的经济管理部门，在经济、金融、外贸等领域的立法一直非常活跃。例如，2006年国务院将《期货交易暂行条例》"升级"为《期货交易管理条例》。如果说《证券法》是基本金融制度组成部分的话，那么，《期货交易管理条例》所涉及问题也是基本经济制度的内容。同样，国务院制定的《外资银行管理条例》《核出口管制条例》《反倾销条例》《反补贴条例》无疑涉及了外贸基本制

---

[1] 该法规第9条规定："地方各级人民政府行政机构的设立、撤销、合并或者变更规格、名称，由本级人民政府提出方案，经上一级人民政府机构编制管理机关审核后，报上一级人民政府批准；其中，县级以上地方各级人民政府行政机构的设立、撤销或者合并，还应当依法报本级人民代表大会常务委员会备案。"

度,本应在法律保留原则之内的。

3. 税收法定原则

根据《立法法》,税收基本制度也属于法律保留事项。税收法律由国家权力机关制定也被称为"税收法定原则"。《税收征收管理法》第3条规定:"税收的开征、停征以及减税、免税、退税、补税,依照法律的规定执行;法律授权国务院规定的,依照国务院制定的行政法规的规定执行。"但是,长期以来,我国一些新型税种的创设并不是由全国人大及其常委会来完成的,而通常是由国务院通过行政法规予以确定。现行四大类18个税种中,只有外商投资企业和外国企业所得税、个人所得税、车船税这3个税种的立法是由全国人大及其常委会公布的,而其余大部分是由国务院规定的。

不仅如此,国务院还授权地方政府制定税收方面的规定。2010年,针对部分城市房地产价格过快上涨、投机性购房需求过度的实际情况,国家出台了一系列调控措施。5月27日,国务院同意转发发改委《关于2010年深化经济体制改革重点工作的意见》(以下简称《意见》),指出我国要"逐步推进房产税改革"。2011年1月国务院常务会议同意在部分城市进行对个人住房征收房产税改革试点,1月28日上海、重庆决定开展对部分个人住房征收房产税试点。

国家征税权的正当性在于,国家以公共利益为价值取向,通过税收,来达到维护国家安定、促进国家发展和提高人民生活水平的目的。但征税关系到全体公民的财产权,因此必须严格限制政府征税的权力。正如孟德斯鸠在《论法的精神》中提到的:"如果行政者有决定国家征税的权力,而不是限于表示同意而已的话,自由就不存在了。因为这样行政权力就在立法最重要的关键上成为立法性质的权力了。"〔1〕将关系到所有公民财产权益交由行政机关决定，很难保证行政机关不会以管理协调社会事务为名，利用行政强制执行力侵害公民的财产权。

4. 诉讼和仲裁制度

尽管诉讼和仲裁制度属于法律保留事项，但国务院没有将这两个领域视为立法禁区。2006年国务院制定了《诉讼费用缴纳办法》。《办法》对当事人诉讼行为模式的选择、法院裁判策略的调整乃至法院在中国社会的地位都会产生重要的影响，所以一经颁布立刻引发了各级人民法院的质疑和反弹。他们认为，该办法实施后将出现"部分基层法院办案经费难保障""案多人少矛盾将更为突出""恶意诉讼可能抬头""执法理念受到挑战"等四个方面的问题。〔2〕而其实质性问题是不仅简单的诉讼费用如何交纳的问题，而且规定了大量的诉讼权利保护、权利行使的事项，尤其是《办法》第43条规定当事人不得单独对人民法院关于诉讼费用的决定提起上诉。这些相关的内容完全属于《立法法》中所涉及的诉讼和仲裁制度，应当由《民事诉讼法》来规定，由国务院来建立无疑是极不合适的，是对法律保留原则的动摇和挑战。

5. 公民基本权利问题

法律保留原则的一个重要目的是为了保障公民权利，即将有关公民限制的内容纳入法律保留，只有国家的立法机关才有权通过法律对公民基本权利进行限制，其目的在于防止行政管理机关或地方政府基于自身管理的便利以及对于秩序价值的追

---

〔1〕［法］孟德斯鸠著，张雁深译：《论法的精神》，商务印书馆1987年版，第156页。

〔2〕王斗斗："诉讼费下调 法院要闯四道难关"，载《法制日报》2007年2月2日，第8版。

求不合理地限制公民的基本权利。《立法法》在一定程度上体现了这一原则。《立法法》第8条将对公民财产征收、人身自由的限制以及政治权利的剥夺纳入法律保留范围。《立法法》实施后，《城市流浪乞讨人员收容遣送办法》和规定劳动教养的行政法规即是根据法律保留原则被废止了。但是，在权利保障领域仍然存在违反法律保留原则的规范性文件。

第一个是有关《卖淫嫖娼人员收容教育办法》合法性的争议。这个办法涉及公民的人身自由。人身自由是《立法法》所确立的绝对法律保留事项。虽然收容遣送和劳教制度被废除了，但是以行政法规的形式限制公民的人身自由并不限于以上两个制度。2014年6月著名演员黄海波嫖娼被收容教育的事件使《卖淫嫖娼人员收容教育办法》的合法性受到社会关注。按照《卖淫嫖娼人员收容教育办法》的规定，对尚不够实行劳动教养的卖淫嫖娼人员，公安机关可以对其进行收容教育，期限为六个月至两年。[1]这一时间对公民人身自由的限制明显超过管制、拘役和部分有期徒刑的刑期，明显违反法律保留原则，其合法性受到质疑。[2]

第二个是有关《拆迁条例》的修订问题。这个条例涉及公民的财产权问题。伴随我国近些年城镇化的快速发展，强制拆迁时有发生，也引起了被拆迁人和社会的质疑。当然，地方政府都主张自己的强制拆迁行为有法律依据，即国务院制定的《拆迁管理条例》。但是，根据《立法法》，对非国有财产的征收属于相对保留事项。《物权法》第42条明确规定了对集体所有的土地和单位、个人的房屋及其他不动产的征收问题；尽管

---

〔1〕 参见《卖淫嫖娼人员收容教育办法》第7条、第9条。
〔2〕 见卢义杰等："三问《卖淫嫖娼人员收容教育办法》"，载《中国青年报》2014年6月6日，第3版。

《物权法》的规定抽象简单，但仍属于全国人大对非国有财产的征收进行的法律层面的规范。另外，2004年宪法修正案中，对《宪法》第10条第3款、第13条的修改，都反映了国家对保护公民私有财产的重视，以宪法形式强调了对征收征用的补偿。而《城市拆迁管理条例》和已经颁布实施的《物权法》，以及2004年新修订的《宪法》在立法精神上已经产生矛盾，因此，不管是按照《立法法》"法律制定后，相应立法事项的授权终止"的规定，还是《立法法》所确立的法律保留原则，国务院颁布的《拆迁管理条例》都应废止。但遗憾的是，直到2011年才以《国有土地上房屋征收与补偿条例》代替。尽管新颁布的法规秉承宪法及物权法中保障私权的理念制定了新的征收制度，但全国没有宣布废除地方城市房屋拆迁管理办法的城市仍然很多，"强拆"现象仍然存在。

第三个是有关公民政治权利的保障。政治权利的剥夺也是《立法法》明确界定的法律保留事项。我国《宪法》中规定的政治权利主要包括选举权、被选举权以及言论、出版、结社、集会、游行、示威等六大政治自由。在出版方面，全国人大及其常委会都没有制定相关的法律，只有国务院制定了《出版管理条例》；在结社自由方面，全国人大及其常委会也没有制定相关的法律，1982年国务院批转了民政部制定的《社会团体登记管理条例》，明确地排除了公民组织政治性团体的自由。出版和结社方面的两个行政法规都存在以行政立法限制公民政治权利的问题，与法律保留原则并不一致。

(二) 立法本身的不完善

1.《立法法》中没有明确绝对保留与相对保留的界定

《立法法》中并没有明确相对保留与绝对保留的概念，虽然《立法法》第9条对授权立法的范围作了一定的限制，但概括性的规定极具解释空间,全国人大常委会和国务院都可以通过解释寻求授权立法的空间,这就可能使得《立法法》第8条沦为形式。

2. 法律保留相关制度中对公民基本权利的内容规定较少

在《立法法》的法律保留原则中,属于法律绝对保留范围的公民基本权利只有三项,即犯罪和刑罚;对公民政治权利的剥夺、限制人身自由的强制措施和处罚;非国有财产的征收。但是,公民基本权利的领域远不止这些,因此我国《宪法》中的其他公民基本权利无法得到法律保留原则的保障。

3. 授权立法程序不完善

对授权立法的监督是法律保留原则中的重要内容。原因在于,虽然在理论上国家立法机关应掌管最重要的立法权,但在实践中,由于专业性、实践性或时间上的要求,立法机关有时主动或被动地将本属自己的立法权授权给行政机关,但行政机关有可能为了行政的便利而滥用获得授权的立法权,此时规范立法机关的授权行为以及强化立法机关对行政机关的监管就显得尤为重要。我国《立法法》在第8条至第11条规定了授权的问题。但这些规定的缺陷是明显的:其一,没有规定授权的方式,是一揽子式的授权还是一事一授权;其二,没有对授权立法的具体内容作出规定,如全国人大及其常委会在授权时应否对国务院的授权立法作出原则性的要求;其三,没有触及对授权立法的监管。如在授权立法之前,要如何审查被授权机关将要进行的立法是否会侵犯公民的基本权利;在授权立法之后,如何备案,如何监督法律的实施情况;在法律实施之后,如何确定该立法是否与上位法相冲突,或者违背宪法。

4. 缺失有效的法律保留原则实施监督机制

落实法律保留原则,我国宪法实施的一部分,对于立法实践中违反法律保留的行为理应有相应的机制予以监督和处理。根据我国现行宪法和法律,监督地方性法规是否违反宪法和法律的职责机关是全国人大常委会。《立法法》也具体规定了地方性法规的备案及审查制度,尤其是规定了相关的主体如认为行政法规、地方性法规及自治法规违反宪法和法律的有权向全国人大常委会提出审查的要求或建议,从而启动相关的立法程序。但在实践中,总体而言,宪法和法律构建的以全国人大常委会主导的监督机制并没有得到完全的落实。全国人大常委会监督机制的效果不彰催生了一些替代性的机制,如地方和全国人大常委会间的"请示—回复"机制以及人民法院系统的审查机制,但这些替代性机制的效果或其合法性存在疑问。

第一,全国人大常委会监督机制效果不彰。

根据《立法法》,全国人大常委会有权根据相关主体的要求或建议对行政法规或地方性法规进行审查。实践中,《城市流浪乞讨人员收容遣送办法》和《拆迁条例》也是在一定程度上依赖这一机制最终得以修改或废除。但鲜见的几个成功案例并不能掩饰这一机制本身存在的缺陷。首先,《立法法》规定了两种启动机制,即国务院等国家机关可以提出审查的"要求",其他国家机关和社会团体、企业事业组织以及公民可以提出审查的"建议"。全国人大审查对审查"要求"必须予以处理,即启动审查程序;但对于审查"建议",全国人大常委会则可以不予处理。《立法法》实施10多年来,从公开的资料看,对于可能因违反法律保留原则而抵触宪法或法律的行政法规或地方性法规,有权提出审查"要求"的主体从未提出过审查要求。其原因可能在于这些主体与相关的行政法规或地方性法规并没有直接的利害关系,缺乏提出审查要求的动机或动力。与之形成鲜明对照的是,由公民或相关组织提出审查"建议"的案例则屡见不鲜,在特定情况下这类"建议"也能引发相关立法的废除或修改。但是,绝大多数情况下,公民或社会组织提出的审查"建议"会石沉大海,得不到全国人大常委会的回应。

第二,地方和全国人大常委会的"请示—回复"机制具有局限性。

"请示—回复"机制能够有效地阻止地方立法介入全国人大及其常委会的专有立法权,但仍存在一定的问题。主要表现在:

其一,"请示—回复"机制具有偶然性。根据法律规定,地方人大及其常委会在制定地方性法规时,只需向全国人大常委会进行备案即可。全国人大常委会有权对这些备案的地方性法规进行审查,但这是事后审查。可以看出,地方人大及其常委会并不需要在事先向全国人大常委会法工委请示其立法是否违反法律保留原则。如果地方人大及其常委会不主动提出请示,全国人大常委会也将没有机会表达自己的立场。所以,针对同样是可能违反法律保留原则的地方性法规,如果一个地方向全国人大常委会进行请示就给后者提供了表达不同意立场的机会;但如果另一个地方人大及其常委会在制定该地方性法规时根本不向全国人大常委会提出请示,全国人大常委会就没有表达自己见解的机会。所以,这一机制导致的悖论是:如果一个地方因不确定自己的地方性法规是否违反法律保留原则而主动向全国人大常委会请示时有可能被阻止立法,而另一个不向全国人大常委会请示的地方则可以径自立法。实践中亦有相关的案例:前文已经提到上海市人大常委会因不确定上海高级人民法院和市人民检察院是否有权向市人大及其常委会提出议案而向全国人大常委会提出请示,其结果是全国人大常委会认为这一规定违反了法律保留原则而被阻止,但另一个地方人大常委会在没有请示全国人大常委会的情况下就自行在地方性法规中规定本地的人民法院和人民检察院有权向人大及其常委会提出议案。[1]

其二，由于地方人大及其常委会立法时向全国人大常委会请示是地方的主动行为而非法律的要求，实践中绝大多数地方性法规在制定时相关的地方人大及其常委会不会向全国人大常委会请示。所以，这一机制的有效性是有限的。根据全国国务院新闻办2011年10月27日发布的《中国特色社会主义法律体系》白皮书的统计，截止到2011年8月底，我国省级和市级两级有地方性法规制定权的地方人大及其常委会共制定了约8600件地方性法规。这些地方性法规中大量的内容涉及国家权力组织、公民基本权利的限制等内容，但绝大部分在制定前并没有向全国人大常委会请示。

第三，人民法院监督的合法性不足。

由于全国人大常委会并不能有效地的监督地方性法规或行政法规是否符合法律保留原则，各级人民法院在审理案件时就可能会遭遇这些可能违反行政法规或地方性法规可否适用的问题。从实践来看，各级人民法院遭遇到的常见问题是地方性法规是否有效的问题。[2]全国人大常委会怠于行使自己的职权并不直接影响到其自身其他权力如立法权、人事权的行使，但人民法院在审查案件中一旦遭遇到地方性法规是否违反法律保留原则的问题时直接影响到其是否可以根据地方性法规裁判案件

---

[1] 如西安市人民代表大会于2003年制定的《西安市制定地方性法规条例》第7条规定："市人民代表大会主席团、市人民代表大会常务委员会、市人民政府、市中级人民法院、市人民检察院、市人民代表大会各专门委员会、一个代表团或者十名以上代表联名，可以向市人民代表大会提出法规案。"根据规定，西安市地方性法规需要经陕西省人大常委会批准后生效。显然，陕西省人大常委会并不认为西安市人民法院和人民检察院向市人大提出议案违反了法律保留原则。

[2] 人民法院遭遇的地方性法规是否有效的问题不仅包括地方性法规是否违反法律保留原则的问题，也包括其他类型的问题，如地方性法规直接违反法律或行政法规。

的问题。所以，人民法院对地方性法规处理的问题直接影响到其审判权的运用，是不能回避的。而这一问题显然在《立法法》制定之前即被人民法院意识到了。早在1985年最高人民法院在其《关于加强经济审判工作的通知》中就提出要通过对地方性法规的审查确保案件审理的公正："人民法院在审理属于当地的经济纠纷案件时，可（将地方性法规）作为一种依据，认真研究，正确运用；如果发现地方性法规同宪法、法律、行政法规相抵触，应向当地人民代表大会及其常务委员会提出"——这被认为法院事实上在行使司法审查的权力，因为其将"认真研究"作为适用地方性法规的前提。但是，1989年颁行的《行政诉讼法》明确规定法院在审理行政案件时以法律和行政法规、地方性法规为依据，参照国务院各部门的规章与地方政府规章。这意味着在行政诉讼中，法院具有对抽象行政行为进行附带性、有节制的司法审查的权力。但对于地方性法规，法律规定的是应作为人民法院审理案件的"依据"，其地位与全国人大及其常委会制定的"法律"一样，是不能质疑其合法性的，当然包括不能质疑其是否符合法律保留原则的。所以，在1993年最高法院对地方法院请示的复函中，谨慎地说明了关于地方性法规的司法审查问题，认为"人民法院审理行政案件，对地方性法规的规定与法律和行政法规的规定不一致的，应当执行法律和行政法规的规定"[1]。此立场在最高人民法院以后的类似批复中得到重复和强化。2004年，最高人民法院印发《关于审理行政案件适用法律规范问题的座谈会纪要》，其中在"下位法不符合上位法的判断和适用"部分明确指出："下位法的规定

---

[1]《最高人民法院关于人民法院审理行政案件对地方性法规的规定与法律和行政法规不一致的应当执行法律和行政法规的规定的复函》，法函〔1993〕16号，1993年3月11日。

不符合上位法的,人民法院原则上应当适用上位法。当前许多具体行政行为是依据下位法作出的,并未援引和适用上位法。在这种情况下,为维护法制统一,人民法院审查具体行政行为的合法性时,应当对下位法是否符合上位法一并进行判断。经判断下位法与上位法相抵触的,应当依据上位法认定被诉具体行政行为的合法性。"所谓"下位法不符合上位法"的情形中,理应包括地方性法规因违反法律保留原则而抵触法律的情形。

问题在于:人民法院在案件审理过程中是否真的有权审查地方性法规与法律相抵触的问题?实践中,一旦地方人民法院在判决中宣布地方性法规因抵触法律而无效,有可能招致地方权力机关的强力指摘,如1998年的甘肃酒泉案和2005年李慧娟案。这两起案件中因地方法院的法官宣布地方性法规无效而遭到其所在省人大常委会的指斥,但地方法院的法官们在司法实践中遇到的难题又该如何解决呢?

(三) 法律保留理论和制度不清晰

1. 法律保留的目的是界分立法权还是保障公民权利

根据全国人大常委会法工委的说明,法律保留原则的目的在于确定各立法主体的权力边界,保证各机关在各自的权限范围内进行立法。[1]而传统大陆法系中宪法法律保留原则所具有的保障公民基本权利的功能和价值并未在我国得到应有的强调和保障,[2]尽管《立法法》第8条将若干项公民基本权利纳入了保留范围,且第9条强调这些事项不得授权,这些都具有客

---

[1] 张春生主编:《〈中华人民共和国立法法〉释义》,法律出版社2000年版,第29~30页。

[2] 德国大陆法中的法律保留原则的最重要价值在于公民权利保障。参见陈新民:《德国公法学基础理论》(下册),第九章"宪法人民基本权利的限制",山东人民出版社2001年版,第347~404页。

观上的权利保障功能，但通观《立法法》，公民权利保障显然没有成为首要的法律保留的价值。

2. 国务院或地方权力机关可否就法律保留事项的立法制定实施细则

前文已经指出，对于专属于全国人大或其常委会的立法权，即使国家最高权力机关没有进行立法，地方也无权进行立法。但一个具有争议的问题是：当中央已就这些专属事项立法后，地方人大或其常委会是否可以制定实施细则？全国人大常委会法工委在1993年的一个答复中指出，法律没有明确规定省级人大及其常委会制定法律的实施细则时，省人大可以制定"实施办法"或"实施细则"。[1]实践中也大量存在这样的例证。如《房地产管理法》没有授权规定，但湖北省人大常委会就制定了《实施〈城市房地产管理法〉办法》。另外，一些法律中仅就一些特殊事项作了授权，但地方性法规并不仅就此事项作详细规定，而是就所有内容制定地方性法规。如《道路交通安全法》仅授权省级人大常委会根据本地实际，在本法规定的罚款幅度内规定具体的执行标准。但事实上各地实施细则并不仅限于此。如《北京市实施〈道路交通安全法〉办法》就在机动车通行、道路责任事故认定、事故预防、法律责任等多方面详化了法律的规定。

但是，笔者认为地方权力机关在制定这类法律的实施细则时应受法律保留原则的约束。即如果该立法涉及中央专属立法权的，则地方应无权制定法律的实施细则。从我国的立法实践看，在2000年《立法法》实施之前，存在这样的实例。如《立法法》规定，各级人大和人民政府的产生、组织和职权以及民

---

[1] 全国人大常委会法工委编：《法律询问答复（2000~2005）》，中国民主法制出版社2006年版，第106页。

族区域自治制度只能制定法律。全国人民代表大会制定了《地方组织法》和《民族区域自治法》，但这两部法律都授权省级权力机关制定实施办法。笔者认为，从立法原理的角度看，这种授权是不恰当的。原因在于这类办法若非简单地重复中央立法，就必然要对中央立法未涉及的具体事项进行规范，一旦如此就有侵犯中央专属立法权之嫌。另一方面，那些本属于法律保留范围的中央立法并没有授权地方权力机关制定实施细则。如《刑法》《刑事诉讼法》等。我们也很难想象地方权力机关就诸如《刑法》或《刑事诉讼法》这样的法律制定其在本地方的实施细则。但问题是，为什么同样是国家最高权力机关制定的法律，《地方组织法》和《民族区域自治法》可以由地方制定实施细则，而《刑法》或《刑事诉讼法》不可以由地方制定实施细则？笔者认为，属于法律保留领域的中央立法是否可以授权地方权力机关制定实施细则的问题本质上是一个如何理解法律保留原则的问题。

五、完善我国法律保留原则的措施

（一）明晰法律保留原则中的理论问题

1. 明确法律保留原则在宪法中的地位

前文已提出，《宪法》《立法法》和《行政处罚法》等法律一起构成了我国法律保留原则的法律依据。但是，直到2000年《立法法》制定后法律保留原则才进入我国法学理论和实践视野。可以看出，《宪法》中的法律保留原则在《立法法》施行以前并未得到充分的重视。这与宪法条款对法律保留原则不清晰的表达有关。正如前文所分析，宪法条款中涉及法律保留的有多种表达方式，如"依据法律""合法的""禁止非法"等，其中有些"法律"或"法"还不能完全被解读为全国人大及其常委会制定的法律。正是由于宪法条款的模糊与不确定性,《宪法》中是否确立了法律保留原则尚存争议。所以,作为宪法层次的法律保留原则首先需要在宪法中得到明确。比较德国、法国和我国确立法律保留原则的方式,可以发现,我国《立法法》中有关法律保留的内容在德国和法国是通过宪法予以确认的。我国有必要在适当的时候对《宪法》予以修改,明确法律保留原则的宪法地位,在体例上可以考虑对《宪法》第62条和第67条有关全国人大及其常委会职权的部分进行修改,规定全国人大及其常委会的专属立法事项;同时在相关公民基本权利条款强调只有法律才可以对某项公民基本权利进行限制。

2. 明确行政立法或地方立法不得介入法律保留范围

《宪法》和《立法法》等法律虽然规定了法律保留原则,但在实践中并不能完全防范行政机关或地方机关介入这些领域。《宪法》和相关法律赋予了国务院和地方人大及其常委会广泛的社会管理权限,同时又规定国务院有权制定行政法规、地方人大及其常委会有权制定地方性法规。这样国务院或地方人大及其常委会完全有机会利用自己的立法权介入法律保留的事项范围之内。具体而言,其介入法律保留事项有以下两种方式:一是全国人大及其常委会制定有保留事项的法律之后,国务院或地方人大及其常委会制定该法律的实施性立法;二是国务院或地方人大及其常委会制定创新性立法。无论是实施性立法或创新性立法,都可能介入法律保留事项。如全国人大常委会于1989年制定了《集会、游行、示威法》,该法律同时授权国务院和省级人大常委会制定实施细则,而国务院于1992制定的实施细则和诸多省级人大常委会制定的实施细则都在法律的基础上加大对公民相关权利的限制。就创新性立法而言,虽然国务院或地方人大及其常委会不会直接就《立法法》所明确的事项进行立法，如不会制定一个诸如《私有财产征收条例》的行政法规或地方性法规，但完全可能在一个诸如《市容管理条例》这样的行政法规或地方性法规中对公民的人身自由或财产自由进行限制。所以，有必要明确无论是国务院或地方人大及其常委会的实施性立法或创新性立法，均不得直接或间接地介入法律保留事项。

（二）完善《立法法》中的法律保留规定

1. 明确权利保障作为法律保留的价值，将基本权利全部纳入法律保留

法律保留原则的一个重要目的是保障公民基本权利免受行政立法或地方立法的不当干预。在理论上需要明确权利保障在法律保留原则中的重要地位。为了实现这一权利保障的重要价值，公民基本权利即应全部包括在法律保留事项范围之内。

2. 完善授权立法制度

由于我国社会转型远未完成以及社会管理的复杂性和专业性特征越来越明显，授权立法的价值在我国仍然存在，所以彻底废除授权立法是不现实的，完善授权立法制度才是正确的选择。

第一，应缩小授权立法的范围。《立法法》第9条中的"有关犯罪和刑罚、对公民政治权利的剥夺和限制人身自由的强制措施和处罚、司法制度等事项除外"中的"等"就为立法机关的授权行为与行政机关的立法行为留下了充分的解释空间。这种兜底式的做法模糊了绝对保留与相对保留的边界，其实质上等同于没有规定。从前文的税收授权、强拆案件都可以看出国家没有将与公民切身利益相关的包括财产权在内的基本权利纳入绝对保留事项中。缩小授权立法的范围应做到以下几点：首先，有关直接影响到公民基本权利限制的问题不应被纳入授权范围之内；其次，授权立法的范围应仅限于国务院的经济和社

会管理事务。

第二，要改变以前的一揽子授权方式，变为一事一授权。如在经济管理领域，不应作出抽象的关于税收或市场管理方面的授权，而应就某个具体税收的立法或产品质量监管的某个具体问题作出授权，这样既有利于规范国务院授权立法的行使，也有利于全国人大常委会的监管。

第三，授权立法应有明确的范围、期限，到期应收回授权。全国人大及其常委会在通过授权决议时，应明确国务院可以就哪些事项制定行政法规，制定行政法规时应遵循哪些基本原则，如不得侵犯公民基本权利、不得与既有的法律相抵触等。同时决议还应明确授权的期限，一旦授权期限到期，国务院如认为有必要应另行请求全国人大常委会延长期限，全国人大常委会应审议是否有必要延长授权期限。

第四，全国人大常委会应加强对国务院的授权立法的监督。可以考虑国务院的授权立法须提交全国人大常委会批准后生效；在授权立法实施期间，全国人大常委会应对立法实施的情况进行评估，如发现授权立法实施偏离授权目的或对公民权利造成严重影响的应收回授权，且国务院制定的授权性立法应废除或上升为法律。

(三) 克服立法机关在立法领域的滞后

从前文的分析可以看出，法律保留原则在我国的实施不力，固然有理论上的不清晰和法律本身的不完善，但全国人大常委会的立法滞后是既有规定实施不理想的重要原因。

全国人大常委会的滞后首先表现为对授权立法的放任。《立法法》第11条明确规定："授权立法事项，经过实践检验，制定法律的条件成熟时，由全国人民代表大会及其常务委员会及时制定法律。法律制定后，相应立法事项的授权终止。"在某一社会背景下,国务院往往针对亟待解决的或突发的某一社会问题制定了相应的行政法规,尽管这些规定损害了公民的权益,但的确在某一时期内取得了不错的成效。而随着时代的发展、社会的进步、法制观念的完善,早已具有立法基础的立法机关却不及时立法,如前文提到的税收征收、房屋拆迁问题,如果在当时制定《城市房屋拆迁管理条例》等是因为我国经济体制还不健全,无法设立一个长远的、普适的、完备的征收制度的话,我国现如今的发展及开放程度已不可同日而语,足以有能力回收对国务院的立法授权,由全国人大及其常委会制定专门事项的法律了。但很可惜的是,立法机关往往只有在发生多起事件后,才能发现法规的滞后性并加以废除或替代。

全国人大常委会的滞后还表现在对明显违背法律保留原则立法的漠视。在强拆案件中,几乎每一强制拆迁户都用《宪法》和《物权法》与拆迁方手里的《城市房屋拆迁管理条例》对峙——产生这种矛盾的根本原因就在于立法机关立法的滞后性。《物权法》颁布后,《城市拆迁管理条例》和《物权法》以及《宪法》已经产生矛盾,明显地触及法律保留领域,所以2007年《物权法》颁布时即应废止《城市拆迁条例》,而国务院直到2011年才以《国有土地上房屋征收与补偿条例》代替。

法律保留的目的不仅在于限制行政权力的扩大,而且也明确了立法机关的立法义务与职责,这种义务是不可以轻易转嫁的。所以,需要严格限制立法机关的授权行为,全国人大及其常委会应克服立法领域的懈怠现象,根据《宪法》和《立法法》的规定,及时制定属于法律保留领域的立法,对违反法律保留原则的行政法规和地方性法规加强监督。在授权立法领域,除满足法律保留原则外,还应该严格客观要求,即只有在立法事项专业性太强而全国人大及其常委会成员不能胜任和社会现实急迫性的情况下,才能授权行政立法;在作出授权决定时,应对国务院在制定授权立法时应遵循的原则作出规定,明确授权时间,加强监督。

(四) 完善违宪审查机制

违宪审查机制对于规范立法机关的授权行为、行政机关的立法行为起着重要作用,是维护法律保留原则的重要支撑。从《宪法》第62条、第67条到《立法法》第88条、第90条、第91条,国家进一步通过立法明确了全国人大、全国人大常委会、国务院等各级机关的违宪审查权限及审查程序,强调了违宪审查的重要性。同时,《立法法》第99条第2款特别赋予公民"法规违宪审查建议权"。该项权利的实践运用成为推动我国建立违宪审查机制的强大动力。

在程序上,《立法法》虽然规定了相关主体有权启动审查程序,但实践中有权提出审查"要求"的主体缺乏提出的动力,而那些有提出审查动力的公民等主体又只能提出审查的"建议"。这就使得《立法法》所确立的审查程序仍然在很大程度上处于冰冻状态。要激活这一程序,一个可行的方案是修改《立法法》第99条,增加一款规定:"地方各级人民法院在审理案件时,如有当事人或法官认为本案涉及的行政法规、地方性法规或自治条例、单行条例等违反宪法或法律的,应中止案件的审理,将该行政法规、地方性法规或自治条例、单行条例提交最高人民法院,由最高人民法院向全国人民代表大会常务委员会提出审查的要求。全国人民代表大会常务委员会作出决定后,人民法院根据全国人民代表大会常务委员会的决定恢复对案件的审理。"这一规定既解决了地方人民法院在审理案件时遭遇的实际问题,又能够激活《立法法》第99条第1款的规定,同时能够切实保障诉讼当事人的权利。

立法权、司法权相互关系的规范与实践
——基于与普通法议会制的比较

张吕好[1]

立法权与司法权的相互关系，是基础性的宪法制度，涉及相关权力分支如何组织和设立、职权如何配置及运行，是政体构建的核心内容之一。在不同的政体目标下，立法与司法的关系具体表现出不同的内容。我国人大制度下立法与司法之间相互关系的某些内容，例如人大选举和任免同级法院法官、法院对同级人大负责并报告工作、法院依法独立行使审判权、法官对法律规范的适用与审查等，正经历多轮的改革实践以及不同观念间的争鸣、反思，一方面是强调执政党对司法、人大对司法工作领导的传统，法院的组织、活动因此受到相应限制，但另一方面，司法也在争取其独立性、专业性，间或表现出扩权的冲动。如何建立两者之间的恰当联系，这涉及构建和维护什么样的宪法体制。因此，应当从原点出发，从宪法原理和现行宪法规范上，概括出立法权与司法权关系的理论，克服对于构成基本政治架构的立法权、司法权的误解与误用，在此基础

---

[1] 中国政法大学法学院副教授。

上统一观念，促进形成合理的制度模式。

一、人大、法院的宪法地位及其相互关系

1982年《宪法》实施以来，在宪法规范的意义上，人大作为国家权力机关和立法机关，以及人民法院作为国家审判机关的地位，得到维护和保持。但在人大制度实际运行中，立法规则和司法机制还没有成为根深蒂固的国家治理基础，规范与实践之间存在偏差。

（一）人大通过制定立法，为司法体系规定组织、职权、责任与程序。但行政部门有权制定行政立法，而相当多的行政立法在事实上介入到司法体系中

首先，通过制定行政立法（如行政法规、规章等），行政部门影响整个司法体系的设置和运行。

其次是由于有大量的立法空白，行政部门绕过人大而实际行使对法院的管理权，如人事、财政方面的管理。

最后，由于立法不作为、行政主导，中国的立法阐释权大多在中央政府及其部门，如教育部负责执行和解释教育法，行政部门通过解释人大立法而介入司法体系。

（二）人大立法规定了人民法院的功能，但法院突破规范的限定，大量地进行法律解释、法律审查和创制法律适用规则的活动

在人大制度下，宪法、法律为人民法院规定了以"法律的适用"为核心的审判职能，法院的核心功能是"依法审判"，运用审判权实现法律的目的：在权力模式上，审判权区别于行政执法权，法院行使司法审判权，即认定事实、适用法律审理案件并作出最终裁决（宪法、法院组织法）；直接后果是解决各种纠纷（三大诉讼法）。因此，审判权力的设置，乃是以解决纠纷的方式实现立法机关制定立法的目的。

法院通过"适用"立法机关制定的法律，回应了立法机关的授权。但是在"法律的适用"过程中，实践中还表现出以行使审判权为名义的司法权力扩张，突破立法机关对法院功能、地位的限定，发展出诸如法律解释、司法审查之类的权力，导致规范与实践、静态制度设计与动态运行过程之间的冲突；司法权基于其实际运行的内在需要而扩张权力，而权力的边界并不清晰，立法对司法的监督又表现乏力，这些都与宪法文本中配置的立法权、司法权之地位及其相互关系已经有所背离。宪法文本与宪法实践的冲突，对先前的制度设计提出了挑战，构成重塑立法权、司法权之相互关系的主要背景和动力。

二、司法权在实践中的扩张

以下分三个环节，论述法院如何向立法权方面推进和扩充法院的"审判"职能。

（一）法律规范的解释

1954、1982年《宪法》都规定全国人大常委会有权"解释法律"，2000年《立法法》作了相同规定。法律解释权由此被认为是与立法权并行的一种权力。

然而人大常委会对法律的解释权并不被认为具有主体的排他性，法院亦有权对所适用的法律规范进行解释。1955年全国人大常委会就通过了《关于解释法律问题的决议》（已失效），向最高人民法院授予解释权。到1981年，全国人大常委会《关于加强法律解释工作的决议》分别赋予最高人民法院、最高人民检察院和国务院及主管部门对法律的解释权。两高解释因其可能不一致，促使立法者试图通过《立法法》进行规范，立法法草案最初曾规定"法出一门"，后变成"两高"都有权作司法解释。法律委员会建议"立法法只对法律解释作出规定，至于具体应用法律解释问题,可以另行解决,同时删去草案中关于废止 1981 年全国人大常委会关于加强法律解释工作的决议的规定"[1]。

现行的人大体制构建了法律、法律解释、司法解释的竖形架构,确立了法院、司法解释之于法律、法律解释的地位,但是实际情况非常复杂,主要表现为:全国人大常委会作出的法律解释过少,很多法律需要人大常委会的解释但是得不到解释;而"法律的具体应用"中的司法解释则数量庞大(尤其是最高法院的司法解释),相较法律而言更为法官们所愿意遵从,但其与全国人大常委会的法律解释很难划清界限,并造成司法解释因频频创制规则或与法律规范冲突而侵犯了实质的立法权,司法解释缺乏立法机关的监督等破坏人大体制的问题[2]。因此,当法律赋予司法解释以合法地位后,还应确定司法解释的界限是什么,什么样的司法解释可以稳妥地存在于现有法律体系中。

法律需要解释,法律的解释的意义在于使法律得到适用,例如为了理解法律的意图,需要阐明法律规范文本的含义、目的、价值,等等。在有些国家,对法律的解释还是用以解决法律规范冲突的经常和有效的方式。立法冲突产生于对高度抽象

---

[1] "乔晓阳作关于立法法草案修改情况的报告",载《人民日报》1998 年 12 月 18 日。

[2] 例如,关于反诉,《民事诉讼法》规定:"被告可以承认或者反驳诉讼请求,有权提起反诉。""原告增加诉讼请求,被告提出反诉,第三人提出与本案有关的诉讼请求,可以合并审理。"但是最高人民法院 2001 年公布的《关于民事诉讼证据的若干规定》第三十四条规定:"当事人增加、变更诉讼请求或者提起反诉的,应当在举证期限届满前提出",限定了反诉提出的时间。同为最高人民法院的司法解释,2015 年公布的《关于适用〈民事诉讼法〉的解释》第二百三十二条又作出不同规定:"在案件受理后,法庭辩论结束前,原告增加诉讼请求,被告提出反诉,第三人提出与本案有关的诉讼请求,可以合并审理的,人民法院应当合并审理。"再如,《合同法》的立法中删除了"情势变更"要件,但在司法解释中又被加了进去。

的法律文本语言的使用，有时，源于立法者持有的价值标准和理解认知不同，而导致不同法律规范文本发生冲突。当法律规范之间发生冲突时，有权机关不是经过审查后认定是否发生了冲突（乃至排除适用、宣告无效、撤销等），而是尽量行使解释权调和相互冲突的法律规定，即按照不与宪法、法律相抵触的方式解释一部具体法律（如美国、法国、德国的法院），当解释不能避免冲突时才适用冲突规则。

"法律的具体应用"中需要司法解释解决的问题，正是法律文本本身的问题，司法审判过程提供了对法律进行解释的一个契机。司法审判者的解释是出于解决法律实际运用中的问题的需要，是基于司法部门的立场、经验、方法所作出（其区别于立法部门的立场、经验和方法），但是由于人大常委会之于法院的地位，且假定立法机关对法律的解释更符合立法意图，法律规定司法解释在效力上低于立法部门的法律解释。对司法解释的限制与司法解释的实践之间由此产生脱节。

(二) 法律规范的审查

对一个具体纠纷"依法审判"，法官需要对所"依"（适用）之"法"作出符合立法意图的解释。解释的前提是特定法律规范获得选择适用，在作出不同或相似规定的若干法律规范中，要决定哪些规范被适用或被排除适用。

在我国，由于立法主体多元，造成立法层级和类型多样，而立法权限不明确及立法授权不规范（表现为宪法和法律关于不同立法主体之间的权限划分不具体，部门规章制定主体由国务院组成部门扩张到直属机构，地方性法规和地方政府规章的制定主体由省向设区市扩张），又导致法律规范冲突频繁出现。《立法法》第87~92条规定了法律规范的适用规则，涉及纵向立法冲突和横向立法冲突的效力位阶、适用规则，包括上下位立法之间、特别规定与一般规定之间、新旧立法之间等。

法院有权适用法律规范，行使相应的司法解释权，但这是否包含着对法官的其他授权，法官是否有权进行审查进而选择适用法律规范？

2003年的"李慧娟事件"，法官为适用法律规范审理案件，运用了审查判定相关法律规范之合法性、有效性的"权力"（判决书中写道"《河南省农作物种子管理条例》作为法律位阶较低的地方性法规，其与《种子法》相冲突的条款自然无效"，河南省人大常委会斥责其为"违法行为"，要求必须对主审法官严厉处罚）。该事件的核心点是法官不仅实际行使了审查权而且公开宣布了审查结果，引发对法官是否具有对法律规范的独立审查权的争论。

法官的独立审查权可以促进法院高效地适用法律，在法律的司法适用过程中行使审查权，比抽象的一般审查更具有合理性，但是，是不是要以宣布无效或撤销的方式，来宣示法院对法律规范有审查权？保守的观点认为，法官不应享有审查权，对于法律规范冲突的适用规则只能由立法者自身判定，这意味着法官最多只能对法律规范的有效性提出建议，实质的审查权须请示特定立法机关行使，理由在于法官的审查权必须依托于分权制衡的宪法体制，在此基础上法院能够获得审查立法合宪性的独立司法权，而法官的司法独立传统和司法专业素养亦构成重要条件。中国人大制度赋予法院依法独立审判的权力，但这个权力不包括法院对立法的审查权，对立法的审查权由全国人大常委会行使（《立法法》第99、100条），因而法院的独立司法权是狭义的和消极的，被限定在人大立法权所认可的限度内。

另有观点认为，法官没有对法律规范宣布无效或给予撤销的审查权,法官的审查不应是直接的、最终的,但可以以适当的方式,即"行审查之实、但不以审查为名",法院在相互冲突的法律规范中自主选择适用某些法律规范,以默示的方式排除适用另一些规范,而不宣布其无效或被撤销。"我国法院……当然可以直接选择适用法律规范,无需一概送请有关机关裁决"[1]表达了对法院拥有法律规范审查权的支持,《最高人民法院关于裁判文书引用法律、法规等规范性文件的规定》第7条"……不得自行在裁判文书中认定相关规范性法律文件的效力"则将这种支持限定在间接审查的范围内。在这一背景下理解2014年修改后的《行政诉讼法》第63条"参照规章"之规定,法院的审查权力应是确定但是是有限的、间接的。

  法院对法律规范的间接审查权,是从法院的独立司法权实践中逐渐发展出来的。此种审查权的内容、限度与方式,具体定义了抽象的"独立司法权"。围绕着该种审查权的争论,是司法权从原理走向实践、从规范走向实证的结果。这是司法权在实践中对外扩张的又一重要表现。

  (三)司法规则的创制

  法院的宪法地位是作为国家的"审判"机关,法院应当"依法"进行审判,将法律适用于纠纷的解决过程。但是在实践中,"依法"和"审判"常常呈现不一致或矛盾:无论是前述的法律规范解释,还是法律规范审查与适用,都需要存在可以援用的法律规则;当缺乏作为审判依据的法律规则时,在进行"审判"和拒绝"审判"之间法院应该做出何种选择?这将影响法院在多大程度上具有独立于立法机关的解决纠纷的能力,法院是以纠纷的审理还是以法律的适用为终极使命。

---

  [1] 参见孔祥俊:"论法官在法律规范冲突中的选择适用权",载《法律适用》2004年第4期。

立法权、司法权相互关系的规范与实践——基于与普通法议会制的比较

在中国法律体系中,法院依法进行审判,审判权被严格限定在实体和程序的法律规则内。

法律文本中的制度设计终究要面对实践的检验,除非司法权因其偏离消极、居中裁判的属性而制造了大量冤假错案的时期(这一时期的司法权服从长官意志,司法权异化为专制工具),在通常情况下,严格遵循"依法审判"的结果是法院功能退化,大量纠纷因缺乏法律规范的依据而难以适用司法程序解决。

司法权为弥补立法的欠缺而创制规则,事实上发挥了立法的作用,例如,最高人民法院对于单行法律在具体审判实践中如何适用的一般解释,有时被认为是准立法(法院系统内部遵照执行的"审判意见"具有相似的效力);此外,法院制定司法程序方面的规则,也可看作是对传统上属于立法权领域的事务的主动介入;更能反映司法的积极意义的规则创制活动,则是案例制度的推出,在中国成文法体系下被命名为"指导性案例",尽管不具有对下级法院的强制约束效力,也不像一般司法解释那样以成文规则的形式出现,但案例制度因其提供了对法律规范予以解释和适用的"方法",因而对整个法律适用机制的影响程度更大,很可能确立一种全新的规则体系,一种以司法的视角谨慎解释和适用立法文本的体系,一种对立法意图及其内容保持审视和规则再造能力的体系。

从目前的实践看,一般司法解释在出台前都要经过与立法(有时包括行政)部门的商讨,取得相关部门的共识,因此司法解释对立法的增、删、变更当是在立法部门所认可的范围内,较难形成对立法意图的巨大冲击。至于指导性案例,初建时期,它的规则创制功能亦较为有限。

从严格依法审判到司法积极主义,法院在向立法权领域推

进审判权方面逐渐形成准立法式司法解释等几种主要方式。司法实践中司法权逐渐扩张,尽管这不被立法体系所公开承认。

三、普通法议会制的经验

(一) 对普通法议会制的界定

议会制政体奉议会立法为法律规则的最高形式,议会立法保障宪法公民权,为行政部门、司法部门限定权责、职能等。英国模式的普通法议会制,则另具特别之处。

普通法国家的议会制实行议会主权,议会主权是重要的宪法原则,在英国,这一原则确立了最高政治权力从国王向以议会为中心的政治力量的实质转移,议会主权初期,议会主要职能是控制国家的征税权,十八世纪以后议会主要作为最高立法机构行使立法权,议会立法是法律的最高形式。

但是区别于"王权至上",逐渐接受了孟德斯鸠分权理论的议会主权,否认议会权威的绝对性,在议会、行政、司法之间实行有限度的分权(与美式完全分权相比是有限的。起初是功能上的分权,后逐渐发展到机构上的分权),议会负责制定法律,法律的执行和适用则依赖于行政、司法部门。这样的议会制政体下,"法律的统治"不是由立法来主导,而是决定于立法、行政和司法各个权力分支,行政、司法在功能上也参与整个"法治"(其中,行政负责政策制定并提出立法草案等功能,司法负责适用法律解决纠纷的功能),从而突破早期的议会主权原则对行政、司法的地位的规定。

形成这一"法治"模式,源于普通法是从具有作为先例的适用效力的判例法发展而来,虽然在议会主权确立后,从十八世纪开始,议会转向主要行使立法职能、议会立法也是重要的法律渊源,但是判例法才是普通法的核心,制定法要经过司法的适用才具有法律意义。按照对"法治"内涵的界定,法律具有最高地位,在法律面前任何人(无论是官员还是平民)都是平等的,因此,普通法的"法治"倚重判例法的作用,决定于司法如何适用。议会有权制定立法并被行政机构执行,但需要得到司法的最终适用,司法决定立法如何被适用,这构成普通法"法治"的核心。

(二)司法权是"发现"法律规则的权力

普通法议会制因其普通法传统下司法权对议会立法的适用方法和后果,迥异于以成文法为传统的议会制国家。

普通法制度下,判例就是法律,法官为解决提交到法院的案件,在裁判过程中发现规则,并通过判决予以宣布。为实现规则的统一性、可预见性,法官要同案同判,要遵循过去由法院对同类案件所宣布的判决,即遵循先例。以法律报告制度(law reporting)和法院等级体系为基础的遵循先例原则,维护了法律规则的统一,而且使法官从中发现法律(而非创制)。

遵循先例原则还包含法官如何解释制定法。法官可以适用制定法解决纠纷,而判决中对制定法的解释应当遵循先例,也就是说要遵循判例法传统。即使在进入20世纪以后制定法迅速增长,占据了普通法法律体系中的主要部分,但由于这一法律体系仍旧为普通法的方法所支配,故仍保持普通法系之名并区别于民法法系。

由此可见,普通法议会制树立了议会立法的最高地位,但是议会立法可以被法官在司法裁判过程中予以解释,而且是以遵循判例法传统的方式解释。进入判例法体系的议会立法,可能产生不同的后果,原因在于司法权对议会立法拥有以判例法为基础的不同程度的解释权:

(1)在加拿大,司法权有权裁定议会立法的有效性(裁定其是否符合人权宪章），但违宪的立法只能由议会本身修正。[1]

（2）在英国、新西兰，议会立法与人权法案是否一致也由法院裁定，对违反人权法案的立法，法院可以公开发布书面的宣告，从而产生要求政府以行政立法进行快速修正的程序，否则将被提交欧洲人权法院解决（对英国而言）；新西兰法院与英国法院的权力相似，但它以默示形式存在，也不作出书面的宣告。

不同于普通法的法律适用方法和后果，在成文法地区，议会制定法典化的法律规则，法律条文穷尽法律的全部内涵，是法院裁判的唯一依据。[2]在法律适用方面，法官将事实涵摄于法律条文之下，通过逻辑演绎获得判决结论，法官解释和应用议会的法律，法官并不创造法律。

受普通法传统的影响，今天的成文法国家不再强调法律规则体系的闭合特征，由于对法典和法律规范的疏漏、矛盾、模糊性等缺陷予以承认，因而逐渐发展出对立法进行查遗补缺的法律方法，系统化的法律解释方法和论证方法得以在司法裁判过程中运用。在这一过程中，事实上立法已被司法所发展，但立法仍然对司法具有约束和指导的意义，司法是以其自称为"规范性的方法"来发展立法、完成对法律规范的适用。

（三）立法权监督司法权的方法

当司法权因法律的适用而需要解释议会立法，立法权也为司法权设定了界限。

普通法议会制下，议会具有高于司法权的地位，形式上是

---

[1] 例如，2013年12月20日，加拿大最高法院裁定反娼妓法中打击娼妓卖淫的3条法案违反人权宪章，法院给予国会一年时间对违宪的法案作出修订。2014年6月4日加拿大政府提出新法案，准备禁止"买春"而不禁"卖春"，但新法案需要得到议会讨论和最高法院批准。

[2] 这是进入到法典化时代之后，继承了概念法学的"法条主义"所持主张。

司法权的来源，议会立法可以不被司法适用，但是不能被司法权予以废止，议会立法只能基于议会自身的政治性决定过程而失效。这种对司法权的限制，维护了以议会为政权中心的议会制结构，否则，议会制将与总统制等同，议会制的政治基础将不复存在。

普通法议会制下，议会维护其政权中心地位的另一项权力，是以制定立法取代判例法。例如在新西兰，议会作为最高立法机构，可以以制定法取代普通法，目的是推动法律变革（当制定法被废止后，普通法重新发生效力）。

四、结论与启示

普通法议会制的实践勾画了立法权与司法权之间的界限：议会负责制定立法，法院负责法律的适用和解释。以判例法为基础的、法官对议会立法的解释权，存在于普通法传统中，司法权的范围受司法的经验和能力决定。在适用和解释议会立法的过程中，法官大体遵循着与议会进行合作而非对立的训诫，这是普通法议会制政体对司法功能的清晰界定。

因此，普通法议会制给我们提供的启示是：法院对制定法的适用过程必然伴随着司法解释权的运用，司法解释权的力度、程度应与司法权自身的能力相匹配；

司法解释权的限度在于，它仅对特定个案适用，因为司法解释的适用来自于个案背景下的推理过程，其再次适用于个案应遵循相同的过程；

议会制规定了立法和司法的基本分工，司法权对立法的解释不能侵害立法权的功能和地位，议会制下的议会不是普通的立法机构。

公众参与的宪法基础

谢立斌

摘要： 学界和实务界往往从提高行政决策的民主性、科学性的角度来看待公众参与制度。然而，在我国的宪法架构下，行政机关已经从人民代表大会获得了民主合法性，无需再诉诸公众参与制度来获得或提高其决策的民主性；行政机关固然应当追求决策的科学性，以确保其行为具有宪法意义上的适当性，但是，公众参与并不必然提高行政决策的科学性。因此，与民主性、科学性有关的宪法条款并不构成公众参与制度的依据。

产生于夜警国家时代的自由权是公民防御国家传统侵害的利器；在福利国家时代，为了有效对抗行政决策对公民权利的侵犯，公民可以依据自由权参与行政决策程序。在这种意义上，自由权构成了公众参与制度的宪法基础。

关键词： 公众参与　民主性　科学性　自由权　夜警国家　福利国家

一、引言：公众参与的规范基础——一个被忽视的问题

行政决策过程中的公众参与已经成为公法学界的一个流行

话题。小到城市社区治理，大到国务院进行的行政立法，都可以看到公众参与的适用。遗憾的是，迄今为止，人们讨论公众参与制度的时候，往往局限于探索如何构建、完善公众参与制度，较少对其宪法规范基础进行系统思考，下列问题尚未得到澄清：行政机关可不可以自由决定是否让公众参与其决策程序？作为公众组成部分的公民有没有权利参与行政决策？公众参与有没有什么前提？这些问题的回答，在实践中具有重大意义：如果公众有权参与行政决策，则行政机关承担了相应的义务；如果行政机关可以、但是没有义务让公众参与决策，那么，公众参与纯粹属于行政机关的裁量范围，是否允许公众参与、在多大程度内让公众参与行政决策，都由公权力主体自行决定。本文将围绕这些问题进行一些探索，主要考察宪法上哪些规范可能对行政权设定了接受公众参与的义务。

二、行政决策民主性、科学性不是公众参与制度的规范依据

（一）行政决策民主性、科学性作为公众参与制度的规范基础

在我国人民当家作主，因此行政管理中公众似乎应当具有充分参与机会，以体现其国家主人翁的地位，从而提高行政活动的民主合法性。有学者按照这一思路，从民主角度论证公众参与的正当性。姜明安认为，人民代表大会制度是代表制民主在我国宪法上的体现，而公众参与则是一种参与制民主。至于两者之间的关系，"公众参与与人民代表大会制度一道，构成了现代民主的模式"[1]；这两种民主模式并非平起平坐，而是参与制民主补充代表制民主[2]。江必新和李春燕则提出，世界范围内，"共同参与制民主理论的兴起为公众参与提供了必要的

---

[1] 姜明安："公众参与与行政法治"，载《中国法学》2004年第2期，第26页。
[2] 姜明安："公众参与与行政法治"，载《中国法学》2004年第2期，第31页。

智力支持",并将公众参与定位为直接民主的实践。[1]这些观点,都将民主视为公众参与的正当性基础。

也有学者没有对公众参与的宪法规范基础直接提出自己的看法,而是对目前作为公众参与的一种重要形式的听证会进行研究,认为在制度设计上,听证会的目的是征求意见、提高合理性。[2]这一判断,大致也符合实务界对公众参与制度所具有功能的认识:实务界倾向于认为,公众参与除了提高民主性以外,还能够提高行政决策科学性。这种观点,充分体现在国务院《全面推进依法行政实施纲要》[3](以下简称《纲要》)中。在第二部分,《纲要》将"科学化、民主化、规范化的行政决策机制和制度基本形成,人民群众的要求、意愿得到及时反映"规定为一个重要目标。围绕这一目标,《纲要》在第五部分规定了"建立健全科学民主决策机制"的内容。这部分的标题已经明确表明,《纲要》追求行政决策的科学性和民主性。为此目的,要"建立健全公众参与、专家论证和政府决定相结合的行政决策机制"。专家论证无疑服务于行政决策的科学性,而联系本部分的标题,《纲要》显然认为公众参与能够提高行政决策的民主性。此外,《纲要》也认为公众参与能够提高行政决策的科学性。以"提高制度建设质量"为题的《纲要》第六部分规定:"提出法律议案、地方性法规草案,制定行政法规、规章以及规范性文件等制度建设,重在提高质量。"这体现了对立法科学性的高度重视。该部分后面接着规定:"改进政府立法工作方

---

〔1〕 江必新、李春燕:"公众参与趋势对行政法和行政法学的挑战",载《中国法学》2005年第6期,第51页。

〔2〕 朱芒:"论我国目前公众参与的制度空间——以城市规划听证会为对象的粗略分析",载《中国法学》2004年第3期,第52页。

〔3〕 《中华人民共和国国务院公报》2004年第16期,第24页以下。

法，扩大政府立法工作的公众参与程度……重大或者关系人民群众切身利益的草案，要采取听证会、论证会、座谈会或者向社会公布草案等方式向社会听取意见，尊重多数人的意愿，充分反映最广大人民的根本利益。"这表明，《纲要》将扩大公众参与程度视为提高立法质量即立法科学性的一个重要途径，而这一观点，其实也是适用于规范制定行为之外的行政决策的，即既然公众参与可以提高行政立法的质量，那么，应当也可以提高行政决策的质量，即科学性。综上所述，结合《纲要》第二、第五、第六部分的相关内容表明，《纲要》体现了这一认识——公众参与是提高行政决策和行政立法科学性、民主性的手段。至于说这一认识是否正确，下文将进一步予以探讨。

在国务院《纲要》的指导下，国务院之下的政府部门为了提高行政决策的科学性和民主性，大力推进公众参与。例如，在国务院法制办公室通过法规规章草案意见征集系统（http://www.chinalaw.gov.cn/article/cazjgg/）对行政法规、规章草案向社会征集意见的时候，虽然大部分公开征求意见的通知都直接采用"现向社会公开征求意见"或者类似表述，而很少说明公开征求意见的依据或者目的，只是偶尔规定目的是"提高立法质量"[1]或者"进一步增强政府立法工作的透明度"[2]，但

---

[1]《国家质检总局关于征求〈家用电器产品召回管理规定（征求意见稿）〉意见的通知》包含下列表述："为提高立法质量，现将征求意见稿（附件）予以公示，征求社会各界的意见和建议。"见 http://www.chinalaw.gov.cn/article/cazjgg/201007/20100700257375.shtml，最后访问时间：2011年5月25日。

[2]《国务院法制办公室关于公布〈戒毒条例（征求意见稿）〉公开征求意见的通知》开始部分措辞为："为了进一步增强政府立法工作的透明度，国务院法制办公室将《戒毒条例（征求意见稿）》（以下简称征求意见稿）全文公布，征求社会各界意见。"见 http://www.chinalaw.gov.cn/article/cazjgg/201006/20100600256862.shtml，最后访问时间：2011年5月25日。

是其让公众参与行政立法的目的,明显是追求行政立法的科学性和民主性。而在地方实务界,有一定代表性的看法,公众参与制度的功能,也在于促进政府行政决策的科学化、民主化。例如,北京市东城区政府法制办公室主任朱捷先生认为:"公众参与制度对于促进政府行政决策科学化、民主化至关重要。"[1]

综上所述,学术界和实务界认为,公众参与能够提高行政决策的民主性和科学性。那么,就本文关心的问题而言,行政权是否具有通过公众参与来提高决策的民主性和科学性的宪法义务?下文对此展开分析。

(二) 行政决策的民主性不是公众参与制度的宪法依据

不容否认,我国宪法多处体现了人民的主人地位。按照《宪法》序言第五段的表述,中华人民共和国于1949年成立后,中国人民掌握了国家的权力,成为国家的主人;《宪法》第2条第1款规定,中华人民共和国的一切权力属于人民;第3款规定,人民依照法律规定,通过各种途径和形式,管理国家事务,管理经济和文化事业,管理社会事务。此外,《宪法》第42条第3款规定,国有企业和城乡集体经济组织的劳动者都应当以国家主人翁的态度对待自己的劳动。简而言之,按照《宪法》序言和正文部分的这些规定,人民是国家的主人,享有一切国家权力,是国家主人翁。

就公众参与而言,似乎可以从人民的主人地位,顺理成章地推导出公众参与的正当性和必要性:行政权以服务人民为最终和最高目的,鉴于人民在我国的宪法架构之下具有主人翁地位,在行政活动中积极推动公众参与,也就是理所当然之事,

---

[1] 朱捷:"北京市东城区公众参与机制研究",载《行政法学研究》2010年第1期,第125页。

甚至是人民所享有主人翁地位的必然要求——如果人民在具体的行政活动中没有参与的可能性，而只能够被动地接受行政机关决策的后果，岂不是颠倒了作为主人的人民和作为仆人的公权力之间的关系？

  这种推理，看似具有说服力，但是经不起严格推敲。我国宪法明确选择了体现间接民主的人民代表大会制度，甚至在实践中，公民只能选举区乡镇、县、县级市的人民代表[1]，而没有规定全民公决等直接民主因素。具体而言，人民选举产生人民代表大会，由其代表人民对国家的重大问题通过立法等方式作出决策。从行政首长的产生来看，国务院总理、省长、市长、县长、区长、乡长、镇长，都是全国和地方各级人大产生的，而不是由公民直接选举产生。国务院和地方各级人民政府作为全国人民代表大会和地方各级人民代表大会的执行机关，负责执行以法律、地方性法规、决议、决定等形式体现的人民代表大会意志。由此可见，行政机关的民主正当性都来自权力机关，无需再次诉诸公众。

  相反，如果我们有意识或者无意识地认为行政决策中公众参与是民主原则的要求，可能还会导致一些意料不到的消极后果。如果公众参与构成行政决策正当性的一个重要的、甚至是必要的来源，则在公众参与不足的情况下，行政机关最后作出的决策就缺乏充分的正当性。为了避免这一不利局面，则应当尽量提高公众参与的积极性。然而，在日常政治中，人们大多对政治没有太高的热情；而只有在外敌入侵等非常政治时期，

---

[1] 实际上，《宪法》第34条并没有将公民的选举权限定于选举县级人大代表，因此，让公民直接选举省级乃至全国人大代表，至少在字面上是与宪法没有冲突的。相反，目前直接选举只及于县级人大，与《宪法》第34条之间有一定紧张关系。但这不属于本文探讨范围。

公众才高度关注并且积极参与政治生活。鉴于我国在可以预见的将来进入非常时期的可能性很小，行政决策不太可能引起人们普遍和深度关注，公众参与的程度将停留在较低水平上。因此，在大张旗鼓推进公众参与、公众却并不积极回应和参与的情况下，我们就会面临一个尴尬的、行政机关一头热的局面，无法通过公众参与获得或者提高行政决策民主正当性。

此外，如果将行政决策中的公众参与视为获得民主合法性的途径，则可能会催生公民有义务参与行政决策的观念；在公众参与的程度较为低下的情况下，这种观念甚至会促使立法者对公民设定参与义务。但是，这种义务和公民的自由地位是格格不入的。固然所有人只关心一己私利的话，公共利益将很难得到维护，因此公民关心政治、热心公共事务，是一种值得弘扬的公民美德。然而，公民是否关心公共事务，属于道德范畴，法律不应干涉。从权利的角度来看，公民有积极参与政治生活的自由，但是，这种自由恰恰意味着公民也可以不关心政治，尤其是没有义务去关心政治，否则这种自由也就变异为束缚。此外，公民不涉足公共领域的决定，本身就是以一种特定的方式来参与政治生活：有关公民可能认为目前的政治格局令人满意，不需要改变，因此其个人无需再发表意见；或者，人们通过不表态的方式，表达自己对现状的不满。无论属于何种情形，有关公民的选择都必须予以尊重。我国宪法已经充分地体现了这些认识。例如，《宪法》第34条、第35条分别规定了公民的选举权和言论自由。据此，公民当然可以在选举中投票，可以发表政治言论；然而，《宪法》并没有规定公民有投票和发表言论的义务，这就说明立宪者明确地只将参加选举和发表言论规定为公民的自由，而不是义务。因此，在公共生活中保持沉默，不在公众参与行政决策的制度框架内发表意见，即使不符合公民美德，但确定无疑地受到宪法的保护。

（三）行政决策的科学性不是公众参与制度的宪法依据

国务院《纲要》间接体现了公众参与能够提高行政决策科学性的观点，我们就此可以按照如下思路，来探讨公众参与制度的宪法依据：如果行政机关具有保障行政决策科学性的宪法义务（前提一），而且公众参与是保障行政决策科学性的不可或缺的途径（前提二），那么，行政机关就具有让公众参与行政决策程序的宪法义务（结论）。只有在这两个前提同时成立的情况下，才能得出结论。我们首先考察第一个前提是否成立。

关于行政决策、行政立法的科学性，宪法有一些规定。首先，根据《宪法》第 89 条第（十三）项、第（十四）项的规定，国务院有权改变或者撤销各部、各委员会发布的不适当的命令、指示和规章；有权改变或者撤销地方各级国家行政机关的不适当的决定和命令。其次，《宪法》第 108 条规定，县级以上的地方各级人民政府领导所属各工作部门和下级人民政府的工作，有权改变或者撤销所属各工作部门和下级人民政府的不适当的决定。最后，《宪法》第 104 条规定，县级以上的地方各级人民代表大会常务委员会撤销本级人民政府的不适当的决定和命令。从这些条文来看，行政机关应当确保其决策是适当的，否则其行为可能被改变或撤销。此外，国务院和地方各级人民政府都向全国和地方各级人大报告工作，这种制度安排在某种意义上也可以视为是权力机关对于人民政府的行为的适当性的监督。

从宪法的规定来看，行政机关应当尽量追求其行为的适当性。至于何为适当，宪法并没有给出一个明确的标准，而是由国务院、上级人民政府以及权力机关来判断。我们在此无需解释有关宪法条款中"适当"的准确含义,可以肯定的是,不符合事物的客观规律、即不具备科学性的行为,在宪法意义上必然是不适当的,也就是说,科学性是适当性的下位概念。因此,行政机关具有尽量追求决策的科学性的宪法义务,否则其行为不适当。由此可见,第一个前提是成立的。

如果第二个前提成立,即公众参与是保证行政行为科学性的必要手段,那么,行政机关为了保证其决策的科学性,就必须让公众参与其决策过程。然而,总体而言,虽然公众能够给行政机关提供一些相关信息,但是,公众往往不具备专业知识,行政机关则在有关领域具有相应的业务知识和能力,而且,即使在行政机关自身不具有相应知识背景的情况下,为了保证决策的科学性,与其让公众参与,还不如让有关领域的专家提供专业意见。由此可见,第二个前提是不成立的,行政机关无法通过公众参与来保证其决策的科学性。

综上所述,虽然行政机关具有保证其决策科学性的宪法义务,但是,公众参与并非恰当手段,因此,行政机关并没有通过公众参与追求决策科学性的宪法义务。

三、基本权利条款作为公众参与的宪法依据

在排除了《宪法》序言、总纲和国家机构部分有关条款作为公众参与的规范基础之后,我们考察各种类别的基本权利是否对行政机关设定了让公众参与其行政决策的宪法义务。

我国《宪法》上规定的基本权利,大体可以分为平等权、选举权、自由权和社会权。其中,数量最大的是自由权条款,我们首先在比较法的框架内,分析自由权是否要求国家向公民提供程序参与的机会。

（一）自由权与程序参与

1. 域外经验：德国宪法上自由权的程序参与功能——以核电站审批案[1]为例

对是否可以从自由权条款推导出行政程序参与权利的问题，德国宪法学界已经有过一些探讨。下文对此进行考察，以期在比较法框架内，为我们在中国语境下讨论这一问题提供些许思路。

在一个核电站建设审批程序中，在原有的核电站规划按照规定进行公告、公示之后，该规划发生了一些改变。据此，一个住在待建核电站附近的公民认为，严格的核电站审批程序，是为了保护利害关系人根据《基本法》第2条第2款享有的生命权和身体不受伤害权（即健康权），据此她提起行政诉讼并且主张，鉴于核电站的建筑设计发生了重大变化，因此，应当重新启动一个新的审批程序，即需要按照相关法律的规定重新公告、公示，之后由有关联邦机构、反应堆安全委员会和公众共同确认，新的建筑方式是否能够保障第三人的安全。[2]在所有审级的行政诉讼中，原告败诉，最后她向联邦宪法法院提起宪法诉愿。在该案件中，一个争议焦点是，在核电站许可程序中，可能受到影响的第三人是否可以主张其程序权利被侵犯，还是只能主张其实体权利被侵犯，即程序权利是否单独可诉。有法院[3]认为，许可程序中让利害关系人参加，是为了行政机关

---

[1] BVerfGE（德国联邦宪法法院判例集）（引用格式：每一个出处通常由三个数字组成，三个数字依此表示第几册，有关判决从第几页开始，有关论述出现在第几页。f 表示包括下页，ff. 表示包括以下若干页），53, 30ff.

[2] BVerfGE（德国联邦宪法法院判例集）（引用格式：每一个出处通常由三个数字组成，三个数字依此表示第几册，有关判决从第几页开始，有关论述出现在第几页。f 表示包括下页，ff. 表示包括以下若干页），53, 30, 39f.

[3] Bayer, *Verwaltungsgerichtshof*（巴伐利亚行政法院判决），GewArch Press（工商业档案），1975, 61, 63.

能有另外一个信息来源，使其在作出决策的时候，能够兼顾各方面的情况，因此，利害关系人并不享有可诉的、作为程序权利的参与权。在该案中，二审行政法院就持有这种观点。然而，总体上，认为公众参与的目的仅仅在于扩大行政机关信息来源的观点在德国学术界受到严厉批评。在环境保护[1]、核能法[2]领域，都有学者提出，公众参与的主要功能并非使得行政机关获得更多信息，而是为公民提供有效的法律保护。在司法实践中，有高等行政法院在环保法案件的判决中提出，公众参与并不仅仅服务于许可机关的信息收集工作，其主要功能在于保护可能受到影响的相邻人的利益，使其能够尽早对可能导致污染的设施进行抵制。因此，如果利害关系人主张，违反程序规定而作出的行政行为导致了对其实体权利的损害，则行政法院无论如何应当对这些程序条款是否得到遵守进行审查，即程序权利是可诉的。[3]

联邦宪法法院也持有通过程序保护公民基本权利的观点。该法院认为，个人根据《基本法》第2条第2款享有的生命权和身体不受伤害权并不仅仅只是针对国家干预的防御权。除了不得侵犯这些权利以外，国家还应当积极地保护这些权利不受到第三人的侵害。[4]就核电站的建设而言，国家应当就核电对

---

〔1〕 Redeker, *Festgabe zum 25 - jaehrigen Bestehen des Bundesverwaltungsgerichts*（联邦行政法院25周年纪念文集），1978，511，520.

〔2〕 Bluemel, *Fuenftes Deutsches Atomrechts - Symposium*（第五届德国核能法研讨会），1976，223，227f.

〔3〕 Oberverwaltungsgericht Lueneburg（吕纳堡高等行政法院判决），*DVBl.*（德国行政报）1977，347，348.

〔4〕 BVerfGE（德国联邦宪法法院判例集）（引用格式：每一个出处通常由三个数字组成，三个数字依此表示第几册，有关判决从第几页开始，有关论述出现在第几页。*f* 表示包括下页，*ff.* 表示包括以下若干页），39，1，41；46，160，164；53，30，57.

第三人所构成的危险提供保护。在该案中，国家立法对核能的利用设定了许可保留，并对许可的发放设定了许多实体和程序条件，因此已经履行了保护义务。这种许可程序是对面临危险的第三人提供的有效保护手段。这样，国家就可以在考虑到公共利益的前提下，对公民和核电站经营者双方的基本权利之间取得一个平衡。[1]联邦宪法法院认为，国家应当通过适当的程序来有效保护基本权利，因此，基本权利不仅对所有实体法产生影响，也影响所有与有效基本权利保护相关的程序法。[2]同理，《基本法》第2条第2款规定的基本权利，要求国家设定有利于保障这一权利的程序。[3]除此以外，该项基本权利还影响行政程序规定的运用。核电站审批程序的主要目的，就是针对核电对生命和健康所带来的风险提供保护。当然，这并不意味着所有程序瑕疵都代表着对于基本权利的侵犯。但是，如果许可机关忽视了国家为了保护人们生命和健康而制定的程序条款，则有可能构成对于《基本法》第2条第2款所保障的生命权和身体不受伤害权的侵犯。[4]

简而言之，以联邦宪法法院为代表的德国宪法学界认为，

---

[1] BVerfGE（德国联邦宪法法院判例集）（引用格式：每一个出处通常由三个数字组成，三个数字依此表示第几册，有关判决从第几页开始，有关论述出现在第几页。*f* 表示包括下页，*ff.* 表示包括以下若干页），53, 30, 57*f*.

[2] BVerfGE（德国联邦宪法法院判例集）（引用格式：每一个出处通常由三个数字组成，三个数字依此表示第几册，有关判决从第几页开始，有关论述出现在第几页。*f* 表示包括下页，*ff.* 表示包括以下若干页），37, 132, 141, 148; 39, 276, 294; 44, 105, 119*ff.*; 45, 422, 430; 46, 325, 334; 49, 220, 225.

[3] BVerfGE（德国联邦宪法法院判例集）（引用格式：每一个出处通常由三个数字组成，三个数字依此表示第几册，有关判决从第几页开始，有关论述出现在第几页。*f* 表示包括下页，*ff.* 表示包括以下若干页），51, 324.

[4] BVerfGE（德国联邦宪法法院判例集）（引用格式：每一个出处通常由三个数字组成，三个数字依此表示第几册，有关判决从第几页开始，有关论述出现在第几页。*f* 表示包括下页，*ff.* 表示包括以下若干页），53, 30, 65*f*.

生命权、健康权等自由权对国家设定了保护义务。国家立法规定了利害关系人参加的程序，本身是对这种保护义务的履行。因此，公民参与的程序，尽管可能有利于行政机关收集更多信息，但是，其主要功能在于使得公民能够通过其参与行为，保护自己受到威胁的生命权、健康权等基本权利。在这种意义上，公民最终是依据相关基本权利而获得参与行政决策的程序权利。

2. 自由权的防御权功能不能满足福利国家时代的权利保护需求

比较法的考察，能够给我们提供一些启示。但是，外国宪法理论的观点，在我国宪法学说上并不一定成立。[1]因此，我们还需要立足于本国语境，对这一问题进行深入分析。

按照通说，自由权的功能在于防御国家对于个人领域的侵犯。在现实中，行政机关的决策，往往对公民的自由权产生影响。在行政决策作出以后，即使公民可以通过行政复议、诉讼等程序设置来维护自己的权益，但是，这种事后的权利救济方式，往往具有滞后性，面对已经发生的损害，公民往往处于被动局面，其权益很难得到全面、及时、有效的保护。相比之下，如果公民能够参与行政机关的决策过程，则能够在决策阶段表达自己的意见，从源头上避免行政机关作出影响其权益的决策。这种事前或者事中的参与，往往是保护公民权益的最有效手段。因此，我们面临的问题是：公民能否依据（可能被侵犯的）基本权利参与行政机关的决策程序？为了有效保护权利，我们似乎应当作出肯定回答。然而，这方面的最大挑战，在于突破了传统基本权利理论关于自由权原则上只具有防御功能的观点。

---

[1] 谢立斌：《德国宪法解释方法与比较解释的可能性——以中德意见自由和言论自由条款为例》，载《法哲学与法社会学论丛》，北京大学出版社2009年版，第167页。

对此，我们需要从根本上反思宪法规定自由权的意义。

宪法并非中华民族的自创，而是产生于西方。一百多年前国人选择了立宪道路，自此走上了宪政的不归路。既然作为现代民族国家生活方式的宪法来自西方，那么，对于宪法所规定的基本权利的探讨，也要从历史上西方宪法通常规定基本权利的现象出发，即需要追溯到十八九世纪欧美的宪政发展历史背景。十六世纪后，欧洲出现了在确定领土上享有主权的现代民族国家，然而，国家本身是一个矛盾：在利用其所掌握的最高权力来维护秩序、保护个人自由的同时，也是一个利维坦，是一个可能侵犯个人权利的庞然大物。例如，霍布斯指出，人的自由，依赖于国家用武力保证法律施行；然而，主权代表人（即国家）的所有行为都得到了每个臣民的授权，因此，国家可以对臣民做包括处死在内的任何事情。[1] 对个人的安全而言，用宪法对国家权力进行约束，就极其重要。在宪法上规定基本权利来保障公民的自由，是防范国家权力作恶的有效手段。与此相应，当时的基本权利主要是自由权，而且分别针对来自国家的各种具体侵害行为：例如，宗教自由针对宗教迫害；言论自由和出版自由针对国家对言论、新闻的压制；人身自由针对国家随意逮捕公民的行为；等等。在国家的对内任务主要是利用国家权力维持秩序的夜警国家时代，个人自由面临的威胁主要来自国家的侵害行为，针对各种可能的侵害行为的自由权能够有效保护公民的自由。

然而，从世界范围来看，两百年之后，尤其在二战之后，国家的任务发生了深刻的变化，不再限于维护现有的秩序，而是延伸到了各个领域，在各个方面引发深刻变革。国家对社会

---

[1] ［英］霍布斯著，黎思复、黎廷弼译：《利维坦》，商务印书馆1986年版，第165页。

生活的干预程度极深,导致公民依赖于国家提供的、包括基础设施在内的众多公共产品。在这一背景之下,公权力主体的很多行为,本身并不属于对公民的侵害,但是其对公民所产生的影响丝毫不亚于传统的侵害。例如,国家建设高速公路的行为,是典型的完善基础设施的行为,本身并不是对公民的处罚,但是,对附近居民而言,高速公路的噪音对其生活的影响程度甚至超过了一般意义上的侵害。由此可见,在进入福利国家时代之后,固守自由权的防御权功能理论,仅仅限于防范国家对公民的直接的侵害行为,已经不能够对个人提供全面的保护,无法满足新的历史阶段提出的权利保护要求。

3. 结论：程序参与是自由权在福利国家时代的新功能

以上基于夜警国家时代过渡到福利国家时代的历史背景所进行的考察表明,传统的防御权功能理论,能够很好地解决如何保护公民不受国家直接侵害的问题,就此而言仍然有其价值;但是,面对国家在侵害行政领域之外的行为对公民所构成的威胁,这一理论无能为力。对于其权利可能被行政决策影响的公民而言,赋予其参与行政决策程序的权利,是维护其权利的有效、甚至是唯一有效的途径。有鉴于此,我们认为,自由权的功能不应当仅仅限于防御来自国家的侵害,还应当肯定公民根据自由权享有参与行政决策的权利。换言之,自由权本身包含了程序参与的权能,相关公民有权直接根据自由权参与行政决策程序。如果剥夺其参与机会,本身就有可能构成对其基本权利的侵犯。如果多数公民可能受到影响,则这意味着有关行政决策必须在公众参与的框架内作出,在这种情况下,自由权就成为公众参与的宪法依据。

当然,从自由权推导出程序参与的权利,的确是对传统防御权理论的一个突破。但是,如果从有效保护权利的角度来看,这并非对传统理论的动摇,而是一种补充和发展。无论是自由权的防御权功能,还是其程序参与功能,最终都统一于对公民的权利提供全面的保护。从比较法的角度来看,德国基本权利理论已经将程序参与视为基本权利的功能之一,印证了自由权在福利国家时代应当保障公民程序参与权利的客观规律,在实践中也取得了良好的效果[1],这也从经验的角度说明从自由权推导出程序参与的权能是可行的。

综上所述,我们认为,在行政决策可能影响公民自由权的情况下,有关公民可以依据其基本权利参与行政决策程序。

(二)平等权、选举权、社会权和程序参与

下面,我们考察自由权之外的其他类型的基本权利是否构成以及在多大程度上构成行政决策中公众参与的宪法依据。

1. 平等权

《宪法》第33条第2款规定的平等权要求国家平等对待公民。这并不意味着"一刀切"——富人和穷人交相同数量的税,并不是宪法平等权的要求。恰恰相反,国家应当根据公民的不同情况,对不同公民进行合理的区别对待:对相同情况,国家应当相同对待,对不同情况,则应当进行不同对待。

回到本文所探讨的问题,平等权是否要求公众参与行政决策呢?这方面有两个理由似乎能够支持我们对这一问题作出肯定的回答。首先,和自由权的情况类似,通过参与行政决策,公众有机会在第一时间对侵犯公民平等权的决策提出异议,从而避免行政机关侵犯公民的平等权,而不是使得公民只能在行政决策已经侵犯其平等权的情况下寻求法律救济。其次,平等

---

[1] Herbert Bethge, "Grundrechtsverwirklichung und Grundrechtssicherung durch Organisation und Verfahren–Zu einigen Aspekten der aktuellen Grundrechsdiskussion" in *NJW*, 1982, 1ff.

权似乎要求国家平等对待各种基本权利。也就是说，如果自由权可以作为公众参与的宪法基础，那么，平等权（以及选举权、社会权等其他基本权利）也构成公众参与的宪法依据，否则国家至少在表面上优待自由权可能被侵犯的公民，而歧视了其他类型基本权利面临威胁的公民。这两点考虑是否成立，有待下文进一步考察。

就第一点理由而言，平等权在某种意义上是一个形式上的权利，它禁止国家通过不合理的区别对待来歧视公民。在侵犯公民平等权的情况下，公民总是有一项实体基本权利被侵犯，例如就业歧视侵犯了公民的劳动权，高校招生方面的歧视侵犯公民的受教育权。因此，如果说可能被侵犯的实体基本权利已经构成了公众参与的宪法规范基础，再将平等权视为行政决策中公众参与的依据，似乎多此一举。

就第二点理由而言，的确，平等权要求同等情况同等对待，不同情况不同对待。然而，虽然所有基本权利都是宪法上直接规定的权利，但是，不同种类的基本权利之间，也的确存在差异，我们正是根据这些差异对基本权利进行了分类。不同基本权利面临被侵犯的风险，如果属于相同情况，则应当平等对待，即都要求国家规定公众参与程序来预防侵犯行为的发生；如果它们属于不同情况，那么，从自由权能够推导出国家具有让公众参与行政决策的义务，并不意味着其他基本权利也构成了公众参与的规范基础。不同种类的基本权利在这种意义上是否属于相同情况，则取决于下文对不同种类的基本权利本身进行具体分析。

由此可见，尽管表面上存在一些将平等权视为公众参与的宪法依据的理由，但是这些理由经不起推敲，因此，平等权并不是公众参与行政决策的宪法基础。

2. 选举权和被选举权

和平等权不同,《宪法》第34条规定的选举权和被选举权属于严格意义上的公民政治权利,这些权利只能在选举中行使。选举程序的设计,应当有利于切实有效保障公民的选举权和被选举权。在这种意义上,《宪法》第34条要求选举程序能够有效保障公民的选举权和被选举权。然而,选举程序完全不同于行政决策程序,不涉及通常意义上的行政决策,因此,选举权和被选举权并不构成行政决策中公众参与的规范基础。

3. 社会权

和一些国家的宪法不规定社会权的做法不同,我国《宪法》规定了一些社会权,其中一项典型社会权是公民根据《宪法》第45条第1款在年老、疾病或者丧失劳动能力的情况下获得物质帮助的权利。社会权往往依赖国家的具体立法,尤其是社会保障立法。在相关法律规定了公民在何种情况下享有要求国家进行何种给付的权利之后,相关行政机关适用法律,依职权或者依照相关公民的申请,确定公民有权要求国家向其提供何种给付。理论上,如果公民不参与相关的行政决策程序,不提供对其有利的信息,则行政机关的相关决策可能会影响公民切实享有社会权。就此而言,似乎社会权也要求国家允许公民参与相关的行政程序。

然而,在公众参与问题上,社会权和自由权之间存在一些重大区别。首先,如果在没有公众参与的情况下行政机关作出决策,则公民的自由权可能受到不可挽回或者很难弥补的损害。例如,行政机关批准在某地建设机场的许可一旦生效,鉴于行政行为的公定力,通过诉讼途径要求法院撤销这一许可较为困难,而如果已经开工,则撤销许可还将导致已投入资金的浪费;相反,在许可程序过程中公众反对建设机场获得成功的可能性较大,如果机场建设的计划因此搁置,则因为尚未开工,对国家的成本也较低。相比之下，如果行政机关在相关公民没有参与的情况下作出的行政行为侵犯公民依法享有的社会权，公民的相应损失并非不可弥补，因此，事后救济并不会导致权利保护的不足。因此，事先的程序参与，并非有效保护公民社会权的要求。其次，在典型的需要向自由权可能受影响的公民提供程序参与机会的情形中，公民往往都是相关行政程序中第三人（例如居住在规划机场周边的居民），而不是行政相对人。在公众不参与的情况下，这些行政程序并不会无法进行。与此不同，在行政机关就公民根据法律享有的受益权作出行政行为的时候，有关公民直接就是行政相对人，能够直接参与相关的行政程序，而并不存在向本来无权参与行政程序的公民提供参与机会的问题。在这一点上，社会权和自由权之间存在根本的区别。与此相应，为了有效保障自由权，从自由权条款能够推导出行政相对人之外的、具有利害关系的公民参与行政决策的权利，但这并不适用于社会权。因此，我国宪法上规定的社会权，并不构成公民参与行政决策的规范基础。

（三）小结：自由权为行政决策中公众参与的宪法依据

由以上分析可知，在行政决策可能侵犯公民自由权的情况下，公民依据其自由权而不是其他基本权利，有权参与行政机关的决策程序。如果有不确定多数公民的自由权有受行政决策侵害之虞，则行政机关有义务在公众参与的制度框架内作出决策，以使得所有利害关系人有机会影响行政机关的决策。

本文得出的这一观点，与朱芒的论点相契合。他选取城市规划听证会进行研究，得出了对公众参与制度具有普遍意义的结论。[1]他指出，在实践中，公众参与制度在行政机关的决策

---

〔1〕 朱芒："论论我国目前公众参与的制度空间——以城市规划听证会为对象的粗略分析"，载《中国法学》2004年第3期，第50页以下。

过程中起到收集意见的作用,召开听证会的目的是征求意见,提高合理性。但是,在目前的城市规划实践中,往往利益方面的问题是主要矛盾,应当使得不同利益诉求得到表达的机会。其中,财产性权利是城市规划中所直接涉及的一种重要利益。在这一背景之下朱芒提出,建立基于不同利益的市民广泛参与的程序制度是必不可少的。[1]在城市规划中,公民的财产性权利可能受到行政决策的消极影响,这一权利受到《宪法》第13条第1款的保护。按照传统基本权利理论,财产权是一种自由权,财产权具有防御国家侵犯的功能。由此可见,朱芒主要从财产权出发,得出了要求建立基于利益的公众参与制度的主张。因此,本文赞同朱芒关于建立基于利益的公众参与制度的主张:它并不是法政策学(Rechtspolitik)上的一个呼吁,而是根据法教义学(Rechtsdogmatik)[2]进路可以得出的、宪法上自由权条款的内在要求。

值得一提的是,自由权被侵犯的可能性是渐变的,行政机关接受公众参与的义务、利害关系人参与决策的权利也是渐变的:如果行政决策根本不对公民自由权产生影响,则是否让公众参与,属于行政主体的裁量范围,由其在考虑公众参与是否有可能提高决策合理性、是否有利于提高行政的透明度[3]、是否可能侵犯第三人隐私、是否过度增加行政成本等因素之后,

---

[1] 朱芒:"论论我国目前公众参与的制度空间——以城市规划听证会为对象的粗略分析",载《中国法学》2004年第3期,第56页。

[2] 强世功:"宪法司法化的悖论——兼论法学家在推动宪政中的困境",载《中国社会科学》2003年第2期,第24页以下。

[3] 可能有学者认为,公众参与是透明行政的要求,而透明行政是《宪法》第5条第1款"社会主义法治国家"的应有之义,因此,法治国家条款构成了公众参与的宪法依据。我们认为,法治的确要求透明行政,但是,只要通过政府信息公开等方式使得公众能够了解行政权运行的状况,就已经满足了透明行政的要求,而不要求公众在了解政府信息的基础上参与行政决策。

审慎作出决定。相反，如果行政决策肯定对公民的自由权产生重大影响，则行政机关必须让利害关系人参与决策、相关公民有参与的权利。在这两种极端情形之间，行政决策对自由权的影响越大，则行政机关越有义务接受公众参与、利害关系人越有权利参与决策。[1] 在实践中，行政权尚未对这两种情况作出明确的区分。例如，《纲要》规定，要"建立健全公众参与、专家论证和政府决定相结合的行政决策机制"，其目的是"建立健全科学民主决策机制"，似乎分别由公众参与和专家论证来保证决策的民主性和科学性，而没有考虑到通过公众参与制度使得利害关系人能够在决策程序中维护自己的权利。在以后的制度建设中，我们应当明确区分这两种情形。

四、结论

综上所述，虽然人们往往从提高行政决策民主性、科学性的角度来看待公众参与制度，但是，我国宪法将人民代表大会制度规定为根本政治制度，行政机关的民主合法性来自人民代表大会，无需、甚至不应该通过公众参与制度来获得民主合法性。鉴于公众参与对提高决策科学性的作用有限，行政机关也没有通过公众参与提高决策科学性的宪法义务。从基本权利的视角来看，鉴于国家在福利国家时代对社会生活进行积极干预，固守自由权的防御功能无法有效对抗公民承受的、公权力行为可能导致的消极后果。在这一背景之下，需要承认自由权的程序参与功能，即肯定公民在其自由权可能受到行政决策侵犯的时候，有权参与决策程序。

---

[1] 朱芒："规划中公众参与在法律上的定位——对本次研讨会中三个事例的点评"，载《地方决策中的公众参与：中国和德国》，上海社会科学院出版社2009年版，第70页以下。